この本の特色と〔しく〕

本書は，英語長文を読み解くスキル(技術)を知り，そのス〔　　　〕〔　　　　〕ノベルな問題集です。第１章では，読解のスキルやジャンル別の読み方〔　　　　　　　　　〕〔　　　〕で定着をはかります。第２章では，実際の入試英文を Step A ～ C の３段〔　　　　〕ル分けしたものを使って，何度も実戦できる構成となっています。

第1章 読解のスキル

第2章 実戦入試対策

絶対におさえたい
３つのポイント

英文の詳細の解説と
英文全体の構成を図解。

練習問題

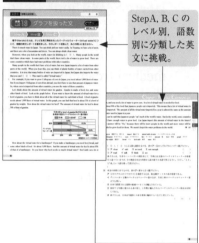

StepA, B, C の
レベル別，語数
別に分類した英
文に挑戦。

CONTENTS 目 次

スキル 1　スラッシュリーディングを身につける

全訳▶p. 1

　次の英文は，高校生の高夫が国境なき医師団(Doctors Without Borders)というNGO（非政府組織）について学んだあとに書いたものです。

第1段落

One day / in an English lesson, / Takao was impressed / with a story / about
ある日 絵示❷　　英語の授業で　　　　　　　高夫は感動した　　　　　　　話に　　　　　国境なき

Doctors Without Borders, an NGO / which gives medical treatment / to
医師団というNGOについての　　　　　　　それは治療を与える

people / in countries with some problems. ①Also he learned / many people want
人々に　　いくつかの問題をかかえる国々の　　　　　　　　また彼は学んだ　　　　多くの人々が治療を

medical treatment / from the NGO / but the number of doctors / is not enough.
受けたがっている　　　そのNGOから　　しかし医師の数は　　　　　　十分でない

②So more doctors are needed. ③After this lesson, / Takao wanted / to save
だからもっと多くの医師が必要だ　　　この授業のあと　　　高夫は望んだ　　　人々の生命を

people's lives.
救うことを

第2段落

Takao talked about it / with his father / that night. ④Takao asked, / "What
高夫はそれについて話した　絵示①　彼の父と　　　　その夜に　　　高夫はたずねた　　私は何を

should I do / to be a member / of Doctors Without Borders?" ⑤His father said, /
すべきか　　　メンバーになるために　　国境なき医師団の　　　　　　　　彼の父は言った

"First, you have to study a lot / and enter a university / for doctors. ⑥Another
まず，たくさん勉強しなければならない　そして大学に入らなければならない　医師のための　　もう1つ大切な

important thing / is to learn / how to communicate with people / from different
ことは　　　　　学ぶことだ　　人々とコミュニケーションをとる方法を　　さまざまな国からの

countries." Takao felt / he found the answer. ⑦He began / to study harder / at
高夫は感じた　　答えを見つけたと　　　　　　彼は始めた　もっと懸命に勉強することを　家で

home / and use English more / during English lessons. ⑧Now Takao has a
そしてもっと英語を使うことを　英語の授業中に　　　　　　今高夫には計画がある

plan / to go abroad / after becoming a medical student / and hopes / to study
海外に行くという　医学生になったあと　　　　　　　　そして望んでいる　学生たちと勉強

with students / from other countries.
することを　　　ほかの国からの
〔北海道〕

注　impressed with　〜に感動する　　medical treatment　治療　　life (lives)　生命
　　communicate　コミュニケーションをとる　　medical student　医学生

3つの絶対ポイント

1. スラッシュリーディングを身につける

スラッシュリーディングのコツをつかめば，英文を読むスピードがどんどん伸びていきます。

絶対ポイント① 前から読む

Takao talked about it. を例に，英語と日本語の語順を考えてみましょう。

（英語）Takao talked about it. （日本語）「高夫は それ について 話した」
　　　　①　　②　　③　　④　　　　　　　　　①　　④　　　③　　　　②

日本語の語順で訳して理解すると，①→④→③→②と返り読みをする必要があります。そこで，これを英語の語順のまま「①高夫は→②話した→③について→④それ」と日本語の語順に直さずに読むと効率が上がり，目の動きも楽になります。そして，読むスピードが上がるのです。「英語の語順で意味をとること」がコツです。

絶対ポイント② 次の展開を問いながら読む

次の文を見てみましょう。英語の語順で前から理解していきます。

One day ／ in an English lesson, ／ Takao was impressed ／ with a story.
ある日，（何があった？）／英語の授業で（どうした？）／高夫は感動した（何に？）／話に

上記のように，「次にどうした？」「どうなった？」「何が？」などと，次の展開を問いながら読むことで，自然と前から読めるようになります。

絶対ポイント③ スラッシュで区切る

長い一文を一度に読むと大変ですが，意味のまとまりごとにスラッシュを入れて，前から読み進めると，楽に意味をとることができます。絶対ポイント1，2を活用しながら，スラッシュ（／）を入れて読んでみましょう。これがスラッシュリーディングです。

左ページの英文には，スラッシュが入れてあります。このあとに出てくる英文でも自分でスラッシュを入れて，英文を読み進めていきましょう。

英文の構成 ▶

（丸付き数字は，左ページの英文の文頭に付してある丸付き数字に対応しています。）

第1段落
国境なき医師団の話に感動
▶医師足りず必要①②
▶高夫の医師志望のきっかけ③

➡

第2段落
父へ医師志望を相談
▶国境なき医師団のメンバーになるには？④
▶猛勉強と医科大学への入学，他国民とのコミュニケーション能力が必要⑤⑥
▶その後の高夫の取り組み⑦
▶高夫の現在の計画と希望⑧

練習問題（1）

佳恵（Yoshie）さんは，英語の授業で WARMBIZ についてスピーチをすることにしました。佳恵さんが示したロゴマーク（logo）はあとにあります。次のスピーチ原稿を読んで，あとの問いに答えなさい。（第3段落から自分でスラッシュを入れて読み進めよう。）

Look at / this logo. / Can you read this? / It is "WARMBIZ." / Have you ever seen it? / Have you ever heard / about it? / Today, / I am going to talk / about "WARMBIZ." /

The other day, / I went to a restaurant / with my family. / When I entered the restaurant, / I felt a little cold. / I thought / something was wrong / with the heater. / So / I asked the waiter / why it was a little
5　cold. / He said, / "Is it cold? / I'm sorry, / but our restaurant / is doing WARMBIZ. / The temperature / in this restaurant / keeps 20 ℃. / Do you need a blanket?" / I looked around. / Some people tried / to keep warm / by using the blankets / that the restaurant had. / I asked the waiter / to give me / a blanket. / Soon / my body became warm / and the good food / made me happy, / but I could not understand / why it was a little cold / in the restaurant. /

10　After I came home, I looked for the word "WARMBIZ" on the Internet. It started in 2005. It is a campaign to enjoy winter life without depending too much on heaters or wasting too much energy. WARMBIZ is done to stop global warming by reducing the amount of CO_2. To reduce it, what can we do? If we change the temperature of the room, we can reduce the amount of CO_2 and the amount of energy used in winter. So this campaign is done and we can see this logo in some places. Now I understand why it was a little cold in the
15　restaurant. I think we can do WARMBIZ easily in our house.

Do you have any ideas for WARMBIZ at home? I can show you some ideas. In the cold room, for example, we can wear warm jackets. We can gather in one warm room and have a good time. We can enjoy hot food. Let's close the door as soon as we enter the room or go out of the room.

20　Everyone, how about trying my ideas? It is easy for us to start from today.　　　　　〔富　山〕

WARMBIZ

注　heater　暖房　　　waiter　ウェーター　　　temperature　温度　　　blanket　ひざ掛け　　　campaign　キャンペーン
　　energy　エネルギー　　　global warming　地球温暖化　　　reduce　減らす　　　amount　量　　　CO_2　二酸化炭素

(1)　佳恵さんが入ったレストランは，WARMBIZ を行うにあたり，客のためにどのようなサービスを行っていますか。日本語で答えなさい。
　　（　　　　　　　　　　　　　　　　　　　　　　　　　　　　　　　　　　　　　　　）

(2)　佳恵さんは，「家庭でできる WARMBIZ」についていくつか提案しています。そのうちから2つ選んで日本語で答えなさい。
　　（　　　　　　　　　　　　　　　　　　　　　　　　　　　　　　　　　　　　　　　）
　　（　　　　　　　　　　　　　　　　　　　　　　　　　　　　　　　　　　　　　　　）

(3) 本文の内容に合うものを，次のア～エからすべて選びなさい。

　　ア　It was a little cold in the restaurant because the heater was broken.

　　イ　WARMBIZ is a campaign to stop using heaters in winter.

　　ウ　We can reduce the amount of CO_2 by doing WARMBIZ.

　　エ　Yoshie thinks that we can start WARMBIZ easily at home.

　　　　　　　　　　　　　　　　　　　　　　　　　　　　　　（　　　　　　　）

文　法

現在完了形：〈have[has] ＋過去分詞〉
現在完了形には「～したことがある」
（経験），「ずっと～である（している）」
（継続），「～したところだ，～してし
まった」（完了・結果）の３つの意味が
あります。意味を区別するのに便利な
語句は次の通りです。

経験：ever「これまでに」never「こ
れまでに～ない」before「以前に」

継続：for「～の間」since「～以来」
how long「どのくらい長く（いつから）」

完了・結果：just「ちょうど」already「す
でに」yet「もう（疑問文で）」「まだ（否
定文で）」

絶対重要表現

the other day「先日」
something is wrong with ～「～はどこ
か調子が悪い」
ask ～ to do「～に…するように頼む」
〈make ＋名詞＋形容詞〉「（名詞）を（形
容詞）にする」
without ～ ing「～することなしに」

長文を読むコツ

so は因果関係を表す接続詞です。
He is kind, so I like him.「彼は親切です。だから私は彼が好きです」
because を用いて表すと次のようになります。
I like him because he is kind.「彼は親切なので，私は彼が好きです」

スキル 2　修飾語句をつかむ

全訳▶p.2

次の文章は，Tim が，家族に送った E メールの内容です。

Mom and Dad,

第1段落

①I learned (about *kabuki*) (at school). It started over four hundred years ago, and
　　　　　　　　　　　　　　　　　　　　　　　400年以上前に始まった
it has an interesting history. ②*Kabuki* is played only (by men). ③Yesterday I went (to
　　　　　　　　　　　　　　　　　　男性だけによって演じられる
a theater) (with Hideo) to watch a *kabuki* play. ④I didn't understand what the actors
　　　　　　　　　　　歌舞伎の芝居を観るために　　　　　　　　　　俳優たちが何を言っているの
said, but (with the help) (of Hideo), I followed the story. ⑤The actors' faces were
か　　　　　ヒデオの協力で　　　　　　　　　　　　　　　　　　　　　　　　　　　塗られて
painted. ⑥I could see their faces clearly. ⑦It was very exciting.
いた　　　　　　　　　　　　　　　　　　　　　それ(=歌舞伎の芝居)はとてもわくわくした。

第2段落

While I was watching it, sometimes people (in the audience) shouted something
〜の間
(in Japanese). ⑧I thought [that was a bad thing to do], but no one looked angry
日本語で　　　　　　　　　　　　　　それ(=日本語で何かを叫ぶこと)はするのに悪いことである
(about such people), and I didn't know why. ⑨Later, I asked Hideo (about it). ⑩He
said [that those people shout to encourage the actors]. ⑪The actors get energy (from
　　　　　　　　　　　　　　俳優たちを励ますために　　　　　　　　　　　　　活力を得る
that), and they like it. ⑫I thought [that was wonderful]. ⑬I want you to enjoy a
　　　　　　　　　　　　　　　　　　　それ(=俳優たちが活力を得ること)　私はあなたたちに楽しんでもらいたい
　　　　　　　　　　　　　　　　　　　がすばらしい
kabuki play someday.

第3段落

Next month, I will go (with Hideo) (to a *kabuki* lesson) held by a city theater. ⑭I'm
　　　　　　　　　　　　　　　　　　　市の劇場によって開かれる歌舞伎の講座に
looking forward to it. ⑮I want to paint my face (like a *kabuki* actor). ⑯I'm also
〜を楽しみにしている　　　　　　　　　　　　　　　　　　歌舞伎俳優のように
interested in *kabuki* dancing. ⑰I think [I will enjoy the lesson], and I will write to you
〜にも興味がある
again soon.

〔東　京〕

注　audience　観客　　encourage　励ます

3つの絶対ポイント

2．修飾語句をつかむ

英文は「〜（＝主語）がどんなだ」「〜（＝主語）が…をする」という順になっていることがほとんどです。修飾語句の部分がわかれば，文の主語と動詞（述語動詞）を見抜くことができ，複雑な文も理解することが簡単になります。

絶対ポイント① 主語と動詞を見抜く

主語が修飾語句を伴って長くなっている場合，文の構造がわかりにくいことがあります。そのようなときは，動詞を見つけます。動詞の前までは主語のかたまりだとわかれば，文の構造を理解する手がかりになります。

<u>People</u>　　（in the audience ）　　<u>shouted</u>　something.「観客の中の人々が何かを叫びました」
主語(人々)　修飾語句(観客の中の)　動詞(叫んだ)

絶対ポイント② 前置詞のかたまりを見抜く

前置詞の後ろには名詞や名詞相当の語句が続きます。（前置詞＋名詞）をカッコでくくれば，英文の要素が驚くほどすっきりと見えてきます。

The mother with three children on the street is young.

→　<u>The mother</u> (with three children) (on the street) <u>is</u> young.
　　　主語　　　　　　　　　　　　　　　　　　　　動詞

「通りで３人の子供といっしょにいる<u>その母親</u>は<u>若いです</u>」

絶対ポイント③ 後ろから修飾する語句を見抜く

日本語と英語の違いの１つに名詞の修飾方法があります。日本語は常に前から修飾します。英語も前から修飾しますが，注意したいのは，後ろから修飾することがあるという点です。

前から修飾：a running boy「走っている 少年」

後ろから修飾：a *kabuki* lesson held by a city theater 「市の劇場によって開かれる 歌舞伎の講座」

英文の構成

第1段落	第2段落	第3段落
学校で歌舞伎を学習	観客の一部が叫ぶ	来月，歌舞伎の講座にヒデオと参加予定
▶400年以上の歴史があり，男性のみで演技①② ▶ヒデオと歌舞伎を鑑賞③ ▶ヒデオの協力で話の筋を理解し，化粧が塗られた俳優の顔も満喫④〜⑦	▶誰も立腹せず，理由不明⑧ ▶俳優はかけ声によって励まされ，活力を得るとヒデオが説明⑨〜⑪ ▶すばらしいので家族に歌舞伎鑑賞を奨励⑫⑬	▶講座が楽しみで，化粧の体験と踊りに興味。後日報告予定⑭〜⑰

練習問題（2）

次の英文は，博人(Hiroto)が書いたスピーチの原稿です。これを読んで，(1)〜(6)の問いに答えなさい。

Do you often think you know about something that you haven't experienced directly? I want to talk about this today.

I went to London during this summer vacation with my family. This was my first trip to a foreign country, so I was looking forward to ①it. I wanted to know about London, so I searched for information about it on the Internet. I was able to see many famous things on the Internet before the trip.

In London, we went to some popular places, for example, Buckingham Palace and Tower Bridge. I already saw them on the Internet, but they looked bigger and more beautiful to me when I saw them directly. I was moved! When I walked around, I saw a lot of people from different countries, too. Then, we went to a restaurant to eat local dishes. They were very new to me, but I enjoyed them. When we finished our dinner and left the restaurant at about nine in the evening, I found ②one strange thing. It was not dark outside! I was very surprised. In Fukushima, it is dark at nine in July, but it is not in London! This was the most interesting thing to me. I enjoyed this trip very much because I was able to discover new things.

After the summer vacation, I told my classmates about my trip to London in an English class. Many of them liked my story and I was glad. After school, one of my classmates came to me and said, "I really enjoyed your story. I love Harry Potter, and I'm very interested in London. Can you tell me more about your trip?" In fact, ③I was surprised when she came to talk to me. Before that, we didn't talk, and I thought she was not interested in foreign countries. But that was not right. She knew a lot about London. We talked about my trip and Harry Potter. When we were talking, she said to me, "Traveling abroad is a good way to study, but I have never been to a foreign country. I was glad to talk with you." I discovered new things about her on that day.

You can get information about many things on TV and the Internet, and you often think you know about people around you before talking to them. But you can discover new things when you experience something directly. I want to remember this idea and experience a lot of things in the future.　　　　〔福　島〕

注　directly　直接に　　search for 〜　〜を検索する　　Buckingham Palace　バッキンガム宮殿(ロンドンにある宮殿)
　　Tower Bridge　タワーブリッジ(ロンドンにあるテムズ川にかかる橋)　　local dishes　その土地の料理
　　outside　外で　　Harry Potter　ハリー・ポッター(英国人作家の小説に登場する主人公)

(1)　下線部①の示す内容として最も適当なものを，ア〜エの中から1つ選びなさい。
　　ア　my family　　イ　my first trip　　ウ　information　　エ　the Internet　　　　　　　（　　　）

(2)　下線部②の示す内容を25字程度の日本語で書きなさい。
　　（　　）

(3)　下線部③の理由として最も適当なものを，ア〜エの中から1つ選びなさい。
　　ア　One of Hiroto's classmates asked him about his trip, but he didn't talk to her before.
　　イ　One of Hiroto's classmates liked his story very much because she often traveled abroad.
　　ウ　One of Hiroto's classmates didn't talk to him, and she was not interested in foreign countries.
　　エ　One of Hiroto's classmates was encouraged by his story, but she couldn't ask him about London.
　　　　　　　　　　　　　　　　　　　　　　　　　　　　　　　　　　　　（　　　）

(4) 次のア～エの出来事を，起こった順に左から並べて書きなさい。

ア Hiroto told his classmates about his trip to London in an English class.

イ Hiroto saw many things about London on the Internet before the trip to London.

ウ Hiroto talked about his trip to London with one of his classmates after school.

エ Hiroto and his family visited some places and had local dishes in London.

（　　　　）→（　　　　）→（　　　　）→（　　　　）

(5) 本文の内容に合っているものを，ア～エの中から1つ選びなさい。

ア Hiroto wanted to search for information about London before the trip, but he could not.

イ When Hiroto had local dishes in London for the first time, he asked people from different countries about them.

ウ Hiroto went to talk with one of his classmates because he wanted to know about Harry Potter.

エ When Hiroto talked to one of his classmates after school, he found that she knew many things about London.

（　　　）

(6) 次の英文は，博人のスピーチのあとに，ある生徒が書いた感想です。 ① ， ② に適当な英語を入れてそれぞれの文を完成させなさい。ただし， ① については英語1語で， ② については英語3語で書きなさい。

I enjoyed Hiroto's speech. I agree with him. If I see Buckingham Palace and Tower Bridge with my own ① , I will be moved, too. As he said in his speech, I also think that we can discover new things ② directly. So I want to visit many places and talk to a lot of people in the future.

注 as〜 〜のように

---

① ＿＿＿＿＿＿＿　　②＿＿＿＿＿＿＿＿＿＿＿＿＿

文法

副詞節を導く接続詞

because, when, if のあとは〈主語＋動詞〉が続きます。

Because he is tall, he is popular.「彼は背が高いので，人気があります。」

When[If] it is sunny, I am happy.「晴れのとき[晴れならば]，私はうれしい。」

〈接続詞＋主語＋動詞〜〉を後ろに置くときは，コンマ(,)をつけません。

I am happy when[if] it is sunny.

絶対重要表現

experience「〜を経験する」

trip「旅行」

information「情報」

be able to 〜「〜することができる」

dark「暗い」

長文を読むコツ

for example は具体例をあげるときに使います。

Last year I went to some beautiful cities. For example, Kanazawa and Takayama.「昨年，私はいくつかの美しい都市に行きました。例えば，金沢と高山です」

スキル 3 代名詞をつかむ

全訳▶p.4

次の英文を読んでみましょう。

第1段落

①This summer my friends and I went to a three-day event in my small town.
この夏に　　　　　　　　　　　　　　　　　　　絶ポ①

①It was planned by university students for junior high school students.
大学生たちによって計画された

②Many junior high school students from other towns joined, too.

③The university students helped us with our studies.

④We also played soccer and baseball with them.

⑤Through these activities, we made a lot of new friends.
これらの活動を通して

第2段落

People in my town helped with the event.

⑥They offered places for the activities.

⑦They also cooked meals for us and the university students.
食事も作ってくれた

⑧Some elderly people told us about the town's history.

⑨It was very interesting.
絶ポ❷

⑩During those three days, people in my town looked very happy.
あの3日の間　　　　　　　　　　　　　　　とても幸せに見えた

第3段落

This event was a good chance for us to make new friends and learn a lot from elderly people.
このイベント

⑪I hope this event will be held again next year.
このイベント

第4段落

Thanks to the university students, I had a good time this summer.
大学生たちのおかげで

⑫I want to plan events for my town in the future.
絶ポ①

⑬That's my dream.

〔鹿児島〕

注　plan ～　～を計画する　　activities　活動(activity の複数形)　　offered ～　～を提供した　　elderly　年配の
　　chance　機会　　be held　行われる　　Thanks to ～　～のおかげで

3つの 絶対ポイント

3. 代名詞をつかむ

　同じ言葉の繰り返しを避けるために使われるのが代名詞です。代名詞が何を指すのかを意識することは，英文を理解するために大変重要なことです。

絶対ポイント❶ 代名詞を含む言いかえ表現に着目する

　he, she, it などの代名詞を見たら何を指すのかを常に考えるようにします。直前に登場した人（男・女）や物が代名詞で言いかえられているはずです。また，直前に登場した人（男・女）や物が複数の場合，代名詞は we や they が用いられます。これらに加えて直前に述べた文や内容を，this（these）や that（those）に言いかえられたものは，その内容を問われることが多いので，特に注意しましょう。

This summer my friends and I went to a three-day event in my small town.

→　It was planned by ...

I want to plan events for my town in the future.

→　That's my dream.

絶対ポイント❷ 文の内容を指す it に注意する

　代名詞の it には直前のものを指す用法のほかに，前に述べられた文全体や意味のかたまりを指す用法があります。直前の文の内容を指す it を含む文を理解するときは，it の内容を正確に把握します。

Tom and Nancy went there.　→　We know it.

Some elderly people told us about the town's history.

→　It was very interesting.

絶対ポイント❸ その他の it の用法

　特に何も指すものが無く，ばくぜんとした用法や，後方に指す内容を置く形式主語の用法もあります。

It is sunny today.「今日は晴れです」（ばくぜんとした用法）

It is interesting to watch TV.「テレビを見ることはおもしろいです」

（it が to 以下を指す形式主語の用法）

英文の構成

第1段落	第2段落	第3段落	第4段落
今夏，友人と町の3日間イベントに参加	町の人々もイベントに協力	このイベントは，新しい友人作りと年配者から学ぶ絶好の機会	大学生のおかげで楽しい時間を経験
▶大学生が中学生向けに企画①② ▶大学生との勉強やサッカー，野球③④ ▶多数の友人との出会い⑤	▶場所や食事の提供⑥⑦ ▶年配者による町のおもしろい歴史紹介⑧⑨ ▶期間中，町の人々に笑顔⑩	▶来年の開催を期待⑪	▶私の夢は将来，町のためにイベントを企画すること⑫⑬

練習問題（3）

次の英文は，中学生の浩(Hiroshi)が，高校生の直人(Naoto)とサイクリング(cycling)に出かけたときのことを書いたものです。あとの(1)～(6)の問いに答えなさい。

Naoto is a high school student and lives near my house. I like him and call him Nao-san. He loves road bikes and cycling.

road bike

One day last September, I asked Nao-san to go cycling together. He smiled and said, "OK. Next Saturday, I'm going to go to the lake on the
5 mountain by bike. It's a very beautiful place. Have you ever ①(be) there before?" "No," I answered. "Then you should go with me. Do you have a road bike?" "No, Nao-san. My bike isn't a road bike." He said, "I will use my father's road bike, so you can use mine. Let's enjoy cycling together."

Saturday came. "Hiroshi, first, we're going to go through the town. Let's go." Nao-san and I started our trip.
10 About an hour later, we went out of the town and took our first rest. I said, "Your road bike is very nice. I can go fast on your bike. It's not so hard." He answered, "That's good. It was （　A　）to go through the town. But from now it will be （　B　）to go up the mountain. We should take two or three rests before getting to the lake." I said, "I'll be fine when we go up the mountain, so I won't need any rests."

Nao-san and I started to go up the mountain. Cycling with him started to become harder. I really wanted to
15 rest, but I couldn't say it to Nao-san, so we didn't stop. About two hours later, we could see the lake at last. He said, "We'll get to the lake soon." Suddenly, my legs couldn't move because I became so tired, and I fell over. "Are you OK?" Nao-san asked. "Yes, but I made a big scratch on your road bike. I'm sorry, Nao-san." "Don't worry about it." Then, we took a long rest. After that, we walked to the lake with our bikes.

When Nao-san and I came to the lake, I was very tired and couldn't say anything. He ②(begin) to talk. "You
20 did very well." "No, I didn't." "Listen to me, Hiroshi. When we start something, sometimes we can't do it well at first. Then what should we do?" I didn't say anything. I was just looking at his road bike. There were many old scratches around the big new one. They were not all made at one time. "I understand!" The scratches taught me the answer. "Try it many times. Then we can do it well!" "That's right," Nao-san said with a smile. "Can I go cycling with you again?" I asked. "Sure. Let's go back home now."

25 We started to go back home under the clear blue sky. 〔静 岡〕

注　lake　湖　　rest　休憩，休憩する　　at last　ついに，ようやく　　suddenly　突然　　leg(s)　足
　　fell over: fall over （転ぶ）の過去形　　scratch　傷　　clear blue sky　青く澄んだ空

(1)　①，②の（ ）の中の語を適切な形に直しなさい。　　　　①＿＿＿＿＿＿　②＿＿＿＿＿＿

(2)　次の質問に対して，英語で答えなさい。

　①　Whose road bike did Hiroshi use on Saturday?

＿＿＿

　②　How many times did Hiroshi and Naoto rest before coming to the lake?

＿＿＿

(3) 本文中の（　A　），（　B　）の中に補う語の組み合わせとして，次のア〜エの中から最も適切なものを1つ選び，記号で答えなさい。

ア A: hard　　B: easier　　　　イ A: hard　　B: harder

ウ A: easy　　B: easier　　　　エ A: easy　　B: harder　　　　　　（　　　　）

(4) 浩が下線部のことを直人に言い出せなかったのは，直人の言葉に対して浩がある発言をしていたためだと考えられます。直人の言葉に対する浩のある発言とはどのような発言ですか。浩の発言の内容をすべて，日本語で書きなさい。

（　　　　　　　　　　　　　　　　　　　　　　　　　　　　　　　　　　　　）

(5) 湖に着いたあと，直人は浩に1つ質問をしています。湖での直人の質問に対する答えとして，浩はどのようなことを述べていますか。浩が述べていることをすべて，日本語で書きなさい。

（　　　　　　　　　　　　　　　　　　　　　　　　　　　　　　　　　　　　）

(6) 次のア〜オから，本文の内容と合うものを2つ選んで記号で書きなさい。

ア Naoto went cycling to the lake on the mountain with Hiroshi on Saturday.

イ Hiroshi was very tired and fell over when he came to the lake on the mountain.

ウ Naoto and Hiroshi walked to the lake with their road bikes after they took a long rest.

エ At the lake, Hiroshi couldn't listen to anything which Naoto said because he was very tired.

オ Hiroshi asked Naoto to go back home together because he didn't want to go cycling again.

（　　　）（　　　）

文　法

動詞のあとに目的語と補語が続く動詞 call, make, name の3つはあとに続く形に注意する必要があります。

call A B 「A を B と呼ぶ」
make A B 「A を B にする」
name A B 「A を B と名づける」

どれも A と B がイコールの関係になります。

絶対重要表現

together 「いっしょに」
should 〜 「〜すべきである」
hard 「きつい」
move 「動く」
many times 「何度も」

長文を読むコツ

1つの動詞を，名詞を含む表現に言いかえる場合があります。

rest 「休憩する」→ take a rest
walk 「散歩する」→ take a walk
speak 「演説する」→ make a speech （speech は speak の名詞形）
plan 「計画する」→ make a plan
decide 「決定する」→ make a decision （decision は decide の名詞形）

スキル4 メール・手紙文の読み方

全訳▶p.5

次は，ロンドンでホームステイをしている高校生の久美(Kumi)が，留学前にお世話になった，大阪に住むブラウン先生(Ms. Brown)に書いた手紙です。絶ポ❶

確認内容
1．送り手(高校生の久美)
2．受け手(大阪在住のブラウン先生)
3．目的(ホームステイ先の様子の報告)

September 20, 2015
日付確認 絶ポ❷

Dear Ms. Brown,
宛名の前につける「親愛なる」

How are you? I'm fine.

第1段落

①I have been in London for two weeks. ②I enjoy staying in London. ③Near my
　　　場所と期間を確認 絶ポ❷　　　　　　enjoy ～ ing「～することを楽しむ」　　話題①　場所確認

host family's house, there is a big park called Hyde Park. ④I often go there.
　　　　　　　　　　　　　　　　ハイドパークと呼ばれる大きな公園　　　　　　　= to Hyde Park

⑤There are beautiful flowers in the park. ⑥I feel happy to see them. ⑦In the

park, some people enjoy running and other people enjoy reading books. ⑧My
　　　　　　　　　　　　　　　　　　　others に言いかえ可能

host family has a dog, and I sometimes take it to the park. ⑨The park is a good

place for people and dogs. ⑩There is an interesting place called Speakers'
　　　　　　　　　　　　　　　　話題②　　スピーカーズコーナーと呼ばれるおもしろい場所

Corner in the park. ⑪At that place, people can make a speech about anything
　　　　　　　　　　　　　　　　　　　　　　　　　　　　　　　　　好きなこと何でも

they like. ⑫Some people speak about their hobbies. ⑬Some people speak about
　　　　　　　　　　　　　　　　　　　　　　　　　　　　Other に言いかえ可能

their daily lives. ⑭I like listening to their speeches there.
　　　　　　　　　　　　　　　　　　　　　　= at Speakers' Corner

第2段落

I always find wonderful things in London. ⑮I will write more about London in
送り手のロンドンに対する気持ち 絶ポ❸

my next letter.

See you soon!

Yours,

Kumi

〔大　阪〕

注　host family　ホストファミリー　　Speakers' Corner　スピーカーズコーナー(ハイドパーク内にある演説ができる広場)
make a speech　演説をする　　hobby　趣味　　daily　日常の

3つの 絶対ポイント

4．メール・手紙文の読み方

メールや手紙は，その送り手と受け手の関係を確認することが何よりも重要です。次に送り手の目的，内容に注意を向けます。

絶対ポイント① メールや手紙の目的を知る

メールや手紙を書くのには，その目的があるはずです。「報告」，「依頼」，「お礼」など，書かれた目的をしっかりとおさえましょう。

目的：ブラウン先生へホームステイ先の様子の報告。

絶対ポイント② 時と場所は特に注意する

メールや手紙の内容は，送り手に起こった出来事などを報告しながら進んでいきます。「いつ」，「どこで」起こったことなのかに着目します。「いつ」については，特に日付や曜日，時間も確認しながら読みましょう。

いつ：2015年9月20日，ロンドンに来て2週間。
どこ：ホームステイ先のロンドンのハイドパークという大きな公園，ハイドパーク内のスピーカーズコーナー。

絶対ポイント③ 送り手が受け手に求めていることを理解する

送り手が伝える出来事の報告のほかに，心情や意図もしっかり読み取るようにしましょう。

心情：ロンドンではいつもすばらしいものを見つける。

英文の構成

第1段落 ホームステイ先の様子	第2段落 すばらしい町ロンドン
▶2週間の楽しいロンドン滞在（近況報告）①② ▶滞在先近くのハイドパークの紹介③～⑨ ▶ハイドパーク内にスピーカーズコーナーがある⑩ ▶スピーチ内容は自由⑪ ▶スピーチ例⑫⑬ ▶スピーチを聞くことは私のお気に入り⑭	▶次の手紙での詳細報告を約束⑮

　中学生の大輝(Daiki)の家に，トンガ王国(Tonga)の高校生のエディ(Eddie)がホームステイをすることになりました。次の英文は，2人がやりとりした電子メール(Eメール)です。これを読んで，あとの各問いに答えなさい。

Dear Daiki,

Hajimemashite! I am learning Japanese at school and I want to learn more about Japan.

I heard about Japan for the first time when I learned *soroban*. Over 30 years ago, the king of Tonga first

brought *soroban* from Japan to improve math education in Tonga. He sent two students to Japan. After

5　learning *soroban* in Japan, they came back and worked hard for math education in Tonga.

Today *soroban* is an important part of education in Tonga, and many young people are interested in

Japan. One day my teacher said to us, "Many students from Tonga are studying at Japanese universities."

I was surprised when I heard ①that. I also want to study at a university in Japan. My dream is to

become a diplomat and work for friendship between Tonga and other countries.

10　I'm looking forward to seeing you.

Eddie

Dear Eddie,

Hello. I read your e-mail with my family.

It is interesting to know *soroban* is taught in Tonga. My father said, "I've heard about these two students

15　sent to Japan by the king of Tonga. They were good rugby players. They taught rugby to Japanese

students and made Japanese rugby teams stronger. Since then, some rugby players from Tonga have

played on famous Japanese teams."

Tonga is far from Japan. I don't think the two countries knew each other well. Then, the two students

you wrote about in your e-mail ②did a great thing for each country. After hearing about those two

20　students, I want to work for friendship between Japan and other countries. To do so, I want to study in a

foreign country.

Today we can learn about other countries through books, TV and the Internet. But from the example of

the two students, I think it is important to go to other countries to (　　　) people there and talk with

them.

25　I hope you will have a good time in Japan.

Daiki

〔福　岡〕

注　*soroban*　そろばん，そろばんを用いて計算すること　　king　国王　　improve　より良くする　　education　教育
diplomat　外交官　　friendship　友好　　look forward to ～　～を楽しみにする　　rugby　ラグビー
through ～　～を通して

(1) 下線部①が指すことを，英文中からさがして日本語で書きなさい。

(　　　　　　　　　　　　　　　　　　　　　　　　　　　　　　　　　　　　)

(2) 下線部②について，その具体的内容を，エディが書いた電子メールと大輝が書いた電子メールから読み取り，それぞれ日本語でまとめて書きなさい。

(

)

(3) 英文中の(　)にあてはまる1語を，英文の内容から考えて書きなさい。

1
2
3
4
5
6
7
8

(4) 英文の内容に合っているものを，次のア～カから2つ選びなさい。

ア Eddie was interested in Japan before he began to learn *soroban* in his own country.

イ *Soroban* was brought to Tonga from Japan for math education more than 30 years ago.

ウ Eddie wants to teach *soroban* to Japanese young people as a math teacher in the future.

エ Eddie and Daiki want to work for friendship between their own countries and other countries.

オ Daiki and his father learned about famous rugby teams in Tonga from Eddie's e-mail.

カ In Daiki's e-mail to Eddie, Daiki tells Eddie about *soroban* education in Japanese schools.

(　　　)(　　　)

文 法

目的を意味する不定詞の副詞用法は，文頭に置かれることがあります。

I go to the library to study English.「私は英語を勉強するために図書館に行きます」

→ To study English, I go to the library.

名詞用法の不定詞と比較してみましょう。

To study English is interesting.「英語を勉強することはおもしろいです」（English のあとに be 動詞 is があります）

絶対重要表現

for the first time「初めて」

dream「夢」

between A and B「A と B の間」

since then「その時以来」

far from ～「～から遠い」

foreign「外国の」

長文を読むコツ

差出人の目的(日本でのホームステイ)を確認したあと，あいさつ，本文，終わりのあいさつ，署名などに分け，誰が，いつ，どこで，何をしたか，差出人はどんな考えを持っているかなどに注目しましょう。

スキル 5　スピーチ・随筆文・物語文の読み方

全訳▶p.7

次の文章は，英語の授業で Cathy が行ったスピーチの内容です。

Hi, everyone. Last Sunday, I went to Sakura Park to visit a traditional crafts fair with
この前の日曜日に「いつ」絶ポ❶　　　　サクラ公園「どこで」絶ポ❶　サユリと伝統工芸展を訪れるために「目的」

Sayuri. ①I had a good time there. ②We were able to try doing some Japanese crafts.
　　　　　　　　　　　　　　　　　　　 ～することができた　　　　　　　　いくつかの日本の工芸

具体例

③We enjoyed *Togei, Takezaiku,* and *Tokyo Tegaki Yuzen.* ④The most impressive one was
　　　　　　　　　　　　　　　　　　　　　　　　　　　　　　　いちばん印象的な工芸は東京手描友禅でした（話題のしぼ

Tokyo Tegaki Yuzen. ⑤A craftsman was painting flowers on Japanese kimono. ⑥He
りこみ）

painted small flowers very carefully. ⑦They were really beautiful. ⑧He told us about the

history of the craft and how to paint them on Japanese kimono. ⑨I want to learn more
その工芸の歴史と日本の着物の上に小さな花を描く方法　　　　　　　　　　　　　　　将来日本の着物をデザインしたいので，

about *Tokyo Tegaki Yuzen* because I want to design Japanese kimono in the future. ⑩I will
東京手描友禅についてもっと学びたいです（因果関係）絶ポ❷

visit the craftsman next month. ⑪I am now more interested in traditional Japanese culture
　　　　　　　　　　　　　　　　　　　　以前よりもっと日本の伝統文化に興味を持っています（筆者の感想）絶ポ❸

than before.
〔東　京〕

注　impressive　印象的な　　　craftsman　職人

3つの絶対ポイント

5. スピーチ・随筆文・物語文の読み方

スピーチ，随筆文は，事実である筆者の体験と，それについての筆者の感想や思いを区別して読むようにするのがコツです。物語文は，場面の変化に注意して読み進めていくことが重要です。

絶対ポイント① 場面の読み取りが重要

「いつ」「どこで」をおさえたうえで，登場人物の発言や行動を見落とさないようにします。

いつ：前の日曜日　　　どこで：サクラ公園，伝統工芸展　　　行動：日本の工芸にいくつか挑戦。

絶対ポイント② 因果関係を理解する

出来事がきっかけとなって起こる気持ちを読み取り，そのあとに続く動作や態度，発言に注目します。

気持ち：東京手描友禅についてもっと知りたい。
　　　　将来，日本の着物をデザインしたい。

絶対ポイント③ 体験と感想を理解して主題を読み取る

スピーチや随筆文は，事実である筆者の体験と，感想や意見から成り立っています。筆者の感想や意見が述べられている部分をおさえ，その中にある主題をしっかりと読み取ります。物語文では，登場人物の心情とその変化に着目します。

心情：前よりももっと，日本の伝統文化に興味をもった。

英文の要旨

この前の日曜日に，サユリとサクラ公園の伝統工芸展に参加

▶楽しく陶芸，竹細工，東京手描友禅を体験①～③
▶東京手描友禅が最も印象的(話題のしぼりこみ)④
▶職人が日本の着物に美しい花を描写(具体例)⑤～⑦
▶彼はその工芸の歴史と描写方法を説明⑧
▶東京手描友禅をもっと学びたい理由⑨
▶来月職人を再訪問，日本の伝統文化へのさらなる関心⑩⑪

次の英文を読んで，あとの(1)〜(5)に答えなさい。

Mr. and Mrs. Suzuki had a dog and his name was Sam. They began to live with Sam after their children finished university and left home. They really loved their dog and had a good time with him. (　ア　) Almost every weekend, they took Sam to many places like mountains, rivers and parks. Sam really enjoyed going out with them.

5　　But after ten years, they decided to give Sam to their friend who lived about 30 kilometers away. Mr. and Mrs. Suzuki were more than 75 years old, and it became difficult for them to take Sam for a walk every day and take him to many places. They thought, "＿＿(A)＿＿." Of course, it wasn't easy for them to say goodbye to Sam. Soon their friend came to their house, and took Sam to his house. Mr. and Mrs. Suzuki felt really sad.

After three weeks, Mr. and Mrs. Suzuki got a call from their friend. He said that Sam left his house and 10　didn't come back. (　イ　) They really worried about the dog.

Then a week later, when Mr. Suzuki was in his room, a woman who lived near his house suddenly came to his house and shouted, "Come out of your house, Mr. Suzuki. It's your dog!" He walked out of his house and was surprised. Outside his house, he saw Sam. Mr. Suzuki was so glad, and couldn't believe it. When Sam found Mr. Suzuki, Sam jumped into his arms. (　ウ　) Maybe Sam wanted to live in Mr. and Mrs. Suzuki's 15　house with them. After he walked about 30 kilometers, he returned to Mr. and Mrs. Suzuki's house.

(B)That was really amazing. Mr. and Mrs. Suzuki knew that some birds fly back to the same place every year and salmon come back to the same river after they swim in the sea for some years. (　エ　) But they didn't know how Sam did it. Maybe he used his good nose. Maybe he remembered the mountains, rivers, parks and tall buildings.

20　　When they met again after a long time, they were so happy to see each other. Mr. and Mrs. Suzuki found that Sam really liked to live in their home. They thought they would never give their dog to other people. They decided to live with Sam again.　　　　　　　　　　　(山 口)

注　Mr. and Mrs. Suzuki　鈴木夫妻　　take 〜 for a walk　〜を散歩に連れて行く　　got a call　電話を受けた　　shouted　叫んだ　　outside　〜の外に　　jumped into　〜に飛び込んだ　　maybe　たぶん　　salmon　サケ　　nose　嗅覚

(1)　次の文が入る最も適切な箇所を，本文中の(　ア　)〜(　エ　)から選び，記号で答えなさい。
　　They all looked for Sam, but couldn't find him.　　　　　　　　　　　(　　　)

(2)　下線部(A)に入る最も適切なものを，次のア〜エから選びなさい。
　　ア　Sam is too old now and cannot walk with us every day
　　イ　It's getting cold, so we cannot take Sam for a walk
　　ウ　We cannot take care of Sam because we're getting too old
　　エ　Our children will soon come back from university and help us　　　(　　　)

(3)　下線部(B)の「そのこと」とは，具体的にどのようなことか。次の書き出しに続けて日本語で答えなさい。
　　サムが(　　　　　　　　　　　　　　　　　　　　　　　　)。

(4) 本文の内容に合うものを，次のア～エから１つ選びなさい。

　　ア　Mr. and Mrs. Suzuki got their dog when their children were small.

　　イ　A woman told Mr. Suzuki to come out when she found Sam.

　　ウ　Mr. Suzuki gave his dog to a woman who lived near his house.

　　エ　Mr. and Mrs. Suzuki became old and lived with their children again.　　　　（　　　）

(5) 次の文は，本文を要約したものである。本文の内容に合うように，次の下線部①～④に入る適切な英語を，１語ずつ答えなさい。ただし，（　）内に与えられた文字で書き始めること。

　　Mr. and Mrs. Suzuki had a dog called Sam. When they became ① (o_____) 75 years old, they decided to give Sam to their friend. After Sam left their home, they were very ② (s_____).

　　About one month ③ (l_____), Sam suddenly came back to their house. Mr. and Mrs. Suzuki knew that some animals go back to the same place after they travel far away. For ④ (e_____), some birds and salmon return to the same place. But they were really surprised when Sam came back.

　　They were very glad to see Sam on that day, so they decided to live with Sam again.

文　法

形式主語：It is ～ to do ...「…することは～である」

It was not easy.「それは簡単ではありませんでした」

It was not easy to say goodbye.「さよならを言うことは簡単ではありませんでした」

形式主語の it は不定詞以下の内容を指し，「それは」とは訳しません。

It was not easy for them to say goodbye.「彼らがさよならを言うことは簡単ではありませんでした」

〈for ＋人〉を不定詞の前に置くと，不定詞の意味上の主語になります。

絶対重要表現

university「大学」

have a good time
「楽しく過ごす」

more than ～「～以上」

feel sad「悲しく感じる」

worry about ～
「～を心配する」

return to ～「～に戻る」

長文を読むコツ

前置詞から動詞の意味を推測することができます。

I go to school.「私は学校に行きます」

学校が目的地，つまり学校へ移動することから，to の前にある動詞には「移動する」という意味が含まれることが推測できます。

they took Sam to many places「彼らはサムを多くの場所に連れて行きました」

次は to を含む重要表現です。

bring A to B「A を B に持ってくる」／invite A to B「A を B に招待する」／introduce A to B「A を B に紹介する」

スキル 6 説明文の読み方

全訳▶p.9

話題に着目 絶示①
次の英文は2014年にノーベル賞を受賞した科学者について書かれたものです。

第1段落

In October 2014, three scientists received the Nobel Prize in Physics. ①The
具体
scientists Isamu Akasaki, Hiroshi Amano and Shuji Nakamura received the prize for
受賞者3人の名前
making blue LEDs.
青色発光ダイオードを作ったことに対して(受賞理由)

第2段落

Blue LEDs were revolutionary. ②The red and green LEDs were already made
赤と緑の発光ダイオードはすでに50年前に作られた
about 50 years ago, but it was very difficult to make blue ones. ③Blue LEDs were
逆接 絶示② (it was not difficult to make the red and green LEDs という意味を含む)
important because you need these three colors for making eco-friendly white LED
環境にやさしい白の発光ダイオードの光を作るために3色が必要(理由)
lights. ④Many scientists tried to make blue LEDs, but they couldn't. ⑤Then, about
逆接 絶示② 順接 絶示②
20 years ago those three scientists worked very hard and found a way.
順接 絶示②

第3段落

Now LEDs are used a lot in our lives for lighting, computers and TVs. ⑥We can
私たちの生活の中でずいぶん使われている(抽象) 並列 絶示② 直前の抽象内容
use LED lights longer with less electricity. ⑦About 20-30% of the world's electricity is
に対する説明 絶示③ 具体例 絶示③
used for lighting. ⑧If we use LED lights for all the lighting, we can save a lot of
私たちはたくさんの電気を節約できる
electricity. ⑨One of the scientists, Nakamura, said that he hopes LED lights will
reduce global warming. ⑩LEDs may save the earth.
〔沖　縄〕

注　scientist　科学者　　the Nobel Prize in Physics　ノーベル物理学賞　　LED　発光ダイオード
　　eco-friendly　環境にやさしい　　lighting　照明　　less　より少ない　　electricity　電気　　reduce　減らす
　　global warming　地球温暖化　　the earth　地球

3つの 絶対ポイント

6．説明文の読み方

　導入部分に特に注意しましょう。何に関する話題なのかを確認した上で，データや筆者の意見が述べられている部分に最大限の注意を払って読むようにします。

絶対ポイント①　話題に着目する

　最初に話題に着目します。話題の切り出しは，最初のリード文や，一文目または，「問題提起」や「誘いかけ(〜を考えてみましょう)」などで示されることも多いです。

話題：ノーベル賞を受賞した科学者。

絶対ポイント②　接続語に注意する

　順接(and, so, then)や逆接(but)だけでなく，並列(and)や選択(or)などにも注意します。

順接：因果関係を示している場合は特に着目する。
逆接：逆接の後は筆者の強調したいことが書かれることが多い。
並列，選択：何と何が並べられているのかに注意する。

絶対ポイント③　説明や具体例に注意する

　説明や具体例の前には，「筆者の言いたいこと」や「段落のテーマ」が書かれています。つまり，説明や具体例を見つけて，その前の部分に着目すれば段落のテーマが分かります。

段落のテーマ：Now LEDs are used a lot in our lives for lighting, computers and TVs.
説明：We can use LED lights longer with less electricity.
具体例：About 20-30% of the world's electricity is used for lighting.

英文の構成

第1段落	第2段落	第3段落
2014年10月，3人の科学者がノーベル物理学賞受賞	青色発光ダイオードは革命的	現在発光ダイオードは，照明・コンピュータ・テレビに使用
▶青色発光ダイオードを作ったことに対して赤崎氏，天野氏，中村氏が受賞①	▶赤と緑の発光ダイオードは約50年前に製造済み② ▶環境にやさしい白色発光ダイオード製造には，青色発光ダイオードは不可欠③ ▶多くの科学者が挑戦したが，3人が約20年前に成功④⑤	▶少ない電力で長持ち⑥ ▶照明が世界の総電力に占める割合は20%〜30%⑦ ▶発光ダイオードの照明の使用で電力の節約が可能に⑧ ▶発光ダイオードは地球温暖化対策と地球救済策になるという期待⑨⑩

練習問題 (6)

次の英文を読んで，あとの(1)〜(7)の問いに答えなさい。

　　Did you smile or laugh today?　Do you often smile at your family, friends or people around you?　①<u>One</u> <u>interesting study</u> shows that children laugh about four hundred times every day, but adults laugh only about fifteen times every day.　How about you?　If you usually don't smile or laugh a lot, please remember this. Smiling and laughing have wonderful powers.

5　　There is a wonderful story about the power of laughing.　About fifty years ago, a man who lived in America became very sick.　He couldn't move in his bed in the hospital.　It was difficult for him to sleep because he was very sick.　（　ア　）　His doctor didn't know how to cure him.　So he decided to do it by himself.

　　In the hospital, he read a book.　It was about our way of thinking and our body.　Then he thought, "If I feel happy, I can cure myself."　So he decided to do some things every day.　One of them was to laugh.　He read 10　funny stories and watched funny movies.　After laughing, he could sleep.　He became better.　Some months later, he was out of his bed and began to work again.　（　②　）.　And some years later, he began to work at one of the most famous universities in America.　He taught the power of laughing there.

　　Smiling and laughing are good for our body.　（　イ　）　Then, what is happening in our body when we smile or laugh?

15　　Our body is made of about sixty trillion cells.　In our body, about three thousand bad cells are born every day, but five billion good cells which we always have in our body break the bad cells.　One experiment shows that the good cells become active when we laugh.　③<u>The experiment</u> was done by two doctors in Japan in 1992.　（　ウ　）　They asked nineteen people to see a very funny show for three hours in a theater.　Before and after the show, the doctors checked how the good cells in each person became active.　And they found that the 20　good cells became more active after the show.

　　One of the doctors said, "Let's laugh!　But if you can't laugh, just smile.　Smiling is also good for the good cells in your body."

　　Smiling is also good for our mind.　Usually we can't smile when we are in a difficult situation.　But smiling is very important in the situation.　There are some good examples in the world of sports.

25　　In 2011 the Japanese women's soccer team had an important game against America.　Many people watching the game thought, "The American team is stronger than the Japanese team."　Actually, the American team was very strong.　（　エ　）　But the Japanese players didn't give up.　And when they were in a very difficult situation, ④<u>they looked different from the American players</u>.　They were smiling in the situation.　Smiling was very important to them.　Finally, they won the game.　After the game, some of the players from the two teams 30　smiled at each other.

　　Do you smile every day?　（　オ　）　Smiling is a small thing in our life.　But sometimes it is very important. It has the power to change you.　It also has the power to change the people around you.　So, let's smile.〔新　潟〕

注　laugh　（声をたてて）笑う　　study　調査　　show 〜　〜を明らかにする　　adult　おとな　　power　力
　　cure 〜　〜を治す　　happen　起こる　　trillion　1兆　　cell　細胞　　billion　10億　　break 〜　〜を破壊する
　　experiment　実験　　active　活発な　　mind　心　　situation　状況　　women　woman の複数形
　　different from 〜　〜と異なる

(1)　下線部①について，この調査でどのようなことが明らかになりましたか。具体的に日本語で書きなさい。

　　（　　　）

(2) 次の英文は，文中のア〜オの（ ）のどこに入れるのが最も適当ですか。当てはまる記号を書きなさい。

Doctors and scientists have shown it. （　　）

(3) 文中の②の（ ）の中に入る最も適当なものを，次のア〜エから１つ選びなさい。

ア He asked many doctors to help him　　イ Laughing was really good for him

ウ Many doctors told him to smile　　エ Smiling and laughing were different （　　）

(4) 下線部③について，この実験を行った目的として，最も適当なものを，次のア〜エから１つ選びなさい。

ア 年をとることによって，良い細胞が体内でどのように活発になるかを調べること。

イ 年をとることによって，悪い細胞が体内でどのくらい増加するかを調べること。

ウ 笑うことによって，良い細胞が体内でどのように活発になるかを調べること。

エ 笑うことによって，悪い細胞が体内でどのくらい増加するかを調べること。 （　　）

(5) 下線部④について，その内容を具体的に日本語で書きなさい。

（　　）

(6) 次の①〜③の問いに対する答えを，それぞれ３語以上の英文で書きなさい。

① Do smiling and laughing have wonderful powers?

② Why did the man in America decide to cure himself by himself?

③ What did some of the players from the two teams do after the soccer game?

　①＿＿

　②＿＿

　③＿＿

(7) 本文の内容に合っているものを，次のア〜オから１つ選びなさい。

ア The man in America wanted to know where to laugh in the hospital.

イ About sixty billion good cells are born in our body every day.

ウ A lot of good cells in our body always become stronger when we sleep.

エ It is not easy to smile in a difficult situation but it is important.

オ Smiling is good for our body but it is not good for our mind. （　　）

文　法

現在分詞の後置修飾

a running boy「走っている少年」

（running が boy を修飾）

ただし，〜 ing の後ろに語句（副詞句）が続くときは，後ろに置きます。

The boy running with her is Tom.「彼女と走っている少年はトムです」

絶対重要表現

around 〜「〜のまわりの」

funny「おもしろい」

famous「有名な」

be made of 〜「〜で作られている」

check「〜を調べる」

against 〜「〜に対抗して」

長文を読むコツ

but は逆接の接続詞で，直前の内容と対立する内容を述べるときに用います。本文でも but が６か所で用いられていますが，but 以下に筆者の力説内容が続くことが多いので注意して読む必要があります。

スキル7　会話文の読み方

全訳▶p.11

次の英文は，高校生の優花(Yuka)さんが，徳島に観光で訪れているフランス人のエヴァ(Eva)さんと雑貨店で交わしている対話の一部です。

最初に確認　絶ポ❶

① **Eva:** Excuse me.　I want a lunch box for my daughter.　Will you help me?
娘のために弁当箱がほしい(話題確認)　絶ポ❷

Yuka: Sure.　What can I do for you?

② **Eva:** Thank you.　There are many kinds of lunch boxes in this shop.　I can't choose
1つを選べない

one.　Which is the best one?
(エヴァの気持ち)

Yuka: Let's see.　I want to ask you some questions about your daughter.　How old
具体②　　　　　　　　　　　　　　　　　　　　　　　具体③　　　　　　具体①　年齢は？

is she? Does she like cute things or cool things?　And which size is better for her,
好みは？　　　　　　　　　　　　　　　　　サイズは？

big or small?

③ **Eva:** My daughter is fifteen years old.　She likes cool things.　And she always uses a
具体①の答え　　　　　　　　　具体②の答え　　　　　　　　　　具体③の答え

big one because she likes eating.
具体④

④ **Yuka:** What color does she like?
色は？

Eva: She likes blue.
具体④の答え

Yuka: I see.　How about this one?　It's cool, big, and very useful.
これはいかがですか(買い物で使う表現)

⑤ **Eva:** I think my daughter will like it.　I'll take it.　Thank you so much.　"*Bento*" is very
これを買います(買い物で使う表現)　　　　おみやげに弁当箱を買う

popular among French people now.　We enjoy putting many kinds of food in a
理由を説明

lunch box.　Also it's easy to carry.　French people use the word "*Bento*."

⑥ **Yuka:** Really?　I'm very surprised to hear that.　〔徳島〕
フランス人が「ベントウ」という言葉を使うこと

注　French　フランスの

3つの 絶対ポイント

7．会話文の読み方

　会話（対話）文形式の問題は，やり取りをしている人物についての情報を確認したうえで，場面や話題の変化に気をつけながら読み進めます。決まった会話表現をたくさん覚えておくことも，確実な得点アップにつながります。

絶対ポイント① 対話者の関係をつかむ

　年齢や立場によって会話の内容は大きく変わります。最初にある指示文をしっかり確認して，話者が生徒同士なのか，先生と生徒なのか，他人同士なのかなどを見落とさないようにします。

話者の関係：高校生と観光で訪れているフランス人

絶対ポイント② 話題と展開を読み取る

　話者の確認をしたら，次は会話が行われている状況や話題の確認です。途中で話題が変化することもあるので注意が必要です。

状況：雑貨店で　　　話題：フランス人が娘への弁当箱選びに困っている

絶対ポイント③ それぞれの話者の考えを整理する

　話者それぞれの発言が同意を示しているのか，忠告をしているのか，または提案をしているのかなど，しっかり整理しながら読むようにします。

話者の発言：優花さんがフランス人のエヴァさんに質問をし，それにエヴァさんが答えている。
　　　　　　最後に優花さんが弁当箱の１つをエヴァさんに提案している。

英文の要旨

高校生の優花さんとフランス人のエヴァさんの雑貨店での対話

▶エヴァ：娘へのみやげの弁当箱購入で迷う①
▶優花：年齢・好み・サイズを質問②
▶エヴァ：15歳で，かっこいい大きめサイズと返答③
▶優花：好きな色を質問④
▶エヴァ：青色と返答し，優花が勧める弁当箱の購入を決意。弁当はフランス人の間で人気を博し，「ベントウ」という言葉も定着⑤
▶優花：フランスの事情に驚き⑥

練習問題（7）

次の対話文は，高校生の Tomoki が，道で，ある女性と英語で話しているときのものです。対話文を読んで，あとの各問いに答えなさい。

A woman: Excuse me. How can I get to Wakaba Hotel?

Tomoki: I'm going to the post office near the hotel. （　①　）

A woman: Thank you.

(They start walking to Wakaba Hotel.)

5　**Tomoki:** Are you traveling in Japan?

A woman: Yes. I'm from Canada. I went to Kyoto yesterday. I was excited to see the old temples and shrines there. This morning, I left Kyoto and arrived in this city. One of my friends lives here. She came to Japan six months ago. I'll see her soon.

Tomoki: （　②　）

10　**A woman:** She's also from Canada. She teaches English at a high school in this city.

Tomoki: Do you know the name of the school?

A woman: She told me the name in her e-mail, but I don't remember it. Well .... The school has the largest number of students in this city.

Tomoki: Oh, that's my school! Is her name Alice Green?

15　**A woman:** Yes! She's your English teacher!

Tomoki: Right. Her English class is interesting.

A woman: Good. She joins the English club after school every Monday, right?

Tomoki: Yes. I'm in the English club. Last Monday, she asked about some restaurants in this city. So I told her about my favorite Japanese restaurant.

20　**A woman:** I like Japanese food very much.

Tomoki: She said to me, "I want to go to your favorite Japanese restaurant with my friend."

A woman: Really? I'll enjoy Japanese food there with her.

Tomoki: <u>I hope you will.</u>

〔三　重〕

注　Canada　カナダ　　the largest number of 〜　一番多くの〜

(1)　（　①　），（　②　）に入るそれぞれの文として，ア〜エから最も適当なものを１つ選びなさい。

　　① ア　I got them for you.

　　　イ　You'll need it soon.

　　　ウ　I'll go there with you.

　　　エ　You went there by train.　　　　　　　　　　　　　　　　（　　　）

　　② ア　Where is she from?

　　　イ　What is she going to do?

　　　ウ　Where does she want to go?

　　　エ　What language does she learn?　　　　　　　　　　　　　（　　　）

(2) 下線部に I hope you will. とあるが，Tomoki は，誰が，どこで，どのようなことをすることを望んでいるのか，その内容を具体的に日本語で書きなさい。

(　　　　　　　　　　　　　　　　　　　　　　　　　　　　　　　　　　　)

(3) 対話文の内容に合う文として，ア〜エから最も適当なものを1つ選びなさい。

　　ア　Tomoki asked the woman the way to Wakaba Hotel, and she showed it to him.

　　イ　The woman could tell Tomoki the name of his school because Alice told her about it.

　　ウ　Alice is one of the woman's friends and teaches English at Tomoki's school.

　　エ　The woman will ask about some Japanese restaurants in the English club at Tomoki's school.

(　　　　)

1
2
3
4
5
6
7
8

文　法

目的語を2つとる動詞

tell, give, show などは後ろに〈人＋物〉の語順をとることができます。

She told <u>me</u> <u>the name</u> in her e-mail.「彼女は私にEメールでその名前を伝えました」

My father gave <u>me</u> <u>this bag</u>.「私の父は私にこのカバンをくれました」

I didn't show <u>Tom</u> <u>my album</u>.「私はトムに私のアルバムを見せませんでした」

絶対重要表現

get to 〜「〜に到着する」
travel「旅行する」
be from 〜「〜の出身だ」
excited「わくわくした」
arrive in 〜「〜に到着する」
join「〜に参加する」

長文を読むコツ

文中の there「そこに(で)」や here「ここに(で)」には注意しましょう。

I went to Kyoto yesterday. I was excited to see the old temples and shrines <u>there</u>.「私は昨日，京都に行きました。私はそこで古いお寺や神社を見てわくわくしました」(there＝in Kyoto)

there や here が指す場所を英語で答えるときは，前置詞をつけて答えるようにしましょう。

スキル8 図表・グラフの読み方

全訳▶p.13

最初に確認（次に下記の図を確認）絶ポ❶
なるみさんは，駅で出会った外国人観光客に，次のパンフレットの内容について説明しています。

第1段落
①Welcome to our town. ②I have something to tell you. ③You can use bikes for free.

第2段落
あらかじめ図を確認しているのですぐに理解できる
④The bikes can be used from nine o'clock in the morning. ⑤You can get them at
午前9時から
three places. ⑥Look at the map. ⑦The pictures of bikes show those places . ⑧They
3か所で 「～を示す」絶ポ❷
are the city hall, the library and this station. ⑨Please return the bike to one of the
places by six o'clock in the evening.
午後6時までに あらかじめ図を確認しているのですぐに理解できる

第3段落
There are two good places (you can visit by bike). ⑩One of them is a temple
あなたが自転車で訪問できる2つのよい場所
(which has a beautiful garden). ⑪It takes twelve minutes from here. ⑫The other one
時間を表すit（訳さない）絶ポ❸ 12分かかる =place
is a park . ⑬It has many cherry trees and you can see the beautiful blossoms now.
⑭I hope you will enjoy your trip.

〔兵 庫〕

注 for free 無料で map 地図 garden 庭 take ～がかかる

身近な話題であることを確認 絶ポ❶

無料レンタル自転車

○利用時間 9：00～18：00
○利用方法
・自転車の絵がある3つの場所で貸し出し
・利用時間内にいずれかの場所に返却

駅
図書館
市役所

桜の木がたくさんある公園
駅から7分

自転車で行ける
おすすめスポット

美しい庭のある寺
駅から12分

3つの 絶対ポイント

8．図表・グラフの読み方

　図表やグラフを含む問題は，示されている数字や情報を正確に理解しなければなりません。その図表やグラフが何に関するものなのかをしっかり読み取るようにします。

絶対ポイント1 図表やグラフのタイトルを見ておく

　最初のリード文を読んだあと，英文内に挿入されている図表やグラフ，場合によってはそれらにつけられているタイトルをヒントに，可能なかぎり何に関する英文かを知るようにします。

図表やグラフタイトル：英文を読む前に確認しておく。

絶対ポイント2 用語をおさえる

　table「表」や figure「図」，graph「グラフ」，show「～を示す」など，この形式の問題でよく使われる語句は必ず覚えておきます。

show「～を示す」：グラフでは特によく使われる表現。

絶対ポイント3 図表やグラフの説明部分を精読する

　英文中の図表やグラフに関する説明部分は，特に注意して読むようにします。英語で表記された数字は算用数字に直して，あとからの確認作業がスムーズになるようにしておきます。

図やグラフの説明部分：これらの部分は必ず設問で問われる。

英文の構成

第1・2段落 外国人観光客へのパンフレットの説明	第3段落 自転車で訪問可能な2つのよい場所
▶午前9時から3か所で自転車の無料レンタルが可能①～⑤ ▶レンタル場所は市役所・図書館・当駅で，午後6時までに返却⑥～⑨	▶12分で行ける美しい庭のある寺⑩⑪ ▶今，桜の花が見られる公園⑫⑬ ▶楽しい旅を願う⑭

練習問題 (8)

　　ALT のマーク(Mark)先生が図や絵を見せながら，"Table for Two" project という国際協力活動についてクラスの生徒に話をしました。次の英文を読んで，あとの(1)～(4)の問いに答えなさい。

　　Thank you for giving me time to talk about Africa. You know I was born in Canada, but my father was born in Africa and moved to Canada when he was 25 years old.

　　①Africa has more than 50 countries and it's very big and beautiful, but it has some problems. Today about 90% of children in the world study at elementary school, but in Africa only about 70% of children do. Most of the children who can't go to school live in Sub-Saharan Africa. This shows where Sub-Saharan Africa is.

　　②Do you know why they can't go to school? Well, many children in Sub-Saharan Africa can't eat enough food because their families are poor. Those children have to work to support their families. Some work on farms. Others have to do housework. They take care of their younger brothers and sisters, or go to draw water. Of course, these children want to go to school and study, but they can't.

　　③When I came to Japan, I was glad to learn that many Japanese people help children in Africa. Have you ever heard about the "Table for Two" project? It was started by some Japanese people. It is a project to give children in Africa school lunches. If you eat at a restaurant in Japan which supports the "Table for Two" project, 20 yen is sent to Africa for each meal. In Africa, they can buy one school lunch for 20 yen.

　　This project is also good for Japanese people because "Table for Two" restaurants use foods which are good for your health. So by eating there, you can help children in Africa and also take care of your health.

　　These are messages from children in Africa who got school lunches from this project.

Aaida (Girl, age 10)

I like school because I can eat a school lunch. I will study hard to become a nurse.

Uba (Boy, age 12)

I didn't have breakfast this morning. That's not a big problem because I have a school lunch at school. I like soccer and I want to make many friends all over the world through soccer.

　　These children wrote about their (　　) for the future. Because they have school lunches, they can study hard and try many things.

　　④Africa has a lot of beautiful places. It also has many great cultures. People living there are trying hard to make their countries better. I really hope that Africa will become a better place to live because Africa is my father's home country.

　　Thank you for listening.

〔千　葉〕

注　elementary school　小学校　　Sub-Saharan Africa　サハラ砂漠以南のアフリカ　　draw water　水をくむ
　　yen　円(日本の通貨単位)　　meal　(1食分の)食事

(1)　本文中の①～④のそれぞれの場面で，マーク(Mark)先生が生徒に見せた図や絵として最も適当なものを次のア～エから1つずつ選び，その記号を書きなさい。ただし，同じ記号を2度選んではいけません。

ア  イ  ウ  エ

①(　　　)　②(　　　)　③(　　　)　④(　　　)

(2) 本文の内容に合うように，文中の(　)に入る適当な英単語1語を書きなさい。

_____

(3) 本文の内容に合っているものを，次のア〜エのうちから1つ選びなさい。

　ア　Having a school lunch is very important for children in Africa to study at school.

　イ　"Table for Two" is a project which people in Africa started.

　ウ　Mark was born in Africa and came to Canada when he finished school.

　エ　Many children in Africa can't go to school because there are no school lunches.　(　　　)

(4) マーク(Mark)先生は話をした後で，その内容について生徒に英語で質問をしました。生徒の答えとなるように，下線部に適する英語を書きなさい。

Mark: If you eat at a restaurant in Japan which supports the "Table for Two" project, you can do two good things at the same time. What are they?

Student: I can eat good food for my health and I can also _____.

文　法

英文の途中に疑問文が入った文を間接疑問文といいます。

This shows where Sub-Saharan Africa is.「これはサハラ砂漠以南のアフリカがどこなのかを示しています」

Where is Sub-Saharan Africa? が〈疑問詞＋主語＋動詞〉(where Sub-Saharan Africa is)に変化して shows の目的語になっています。

絶対重要表現

Thank you for 〜ing「〜してくれてありがとう」

problem「問題」

most of 〜「〜のほとんど，大部分」

support「〜を支援する，〜を養う」

also「また」

health「健康」

culture「文化」

長文を読むコツ

登場順に算用数字を含む情報を整理すると理解しやすくなります。

父：25歳でカナダに移住

アフリカ：50以上の国が存在

小学校への通学率：世界では90%，アフリカでは70%

"Table for Two" project：1食ごとに20円の送金(アフリカでの給食1食分)

実戦 1 会　話　文

スキル 7 p.26

解答 ▶ p.15

Step A 〉 Step B 〉 Step C 〉

　ハワイに留学中のヒカルはサラ(Sara)の家にホームステイをしています。2人の会話を読み，各問いに答えなさい。下図はサラたちがタブレット型パソコンで見ているウェブサイトのトップページです。

【ウェブサイト英語版のトップページ】

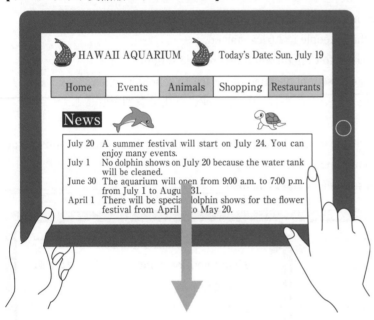

News	
July 20	A summer festival will start on July 24. You can enjoy many events.
July 1	No dolphin shows on July 20 because the water tank will be cleaned.
June 30	The aquarium will open from 9:00 a.m. to 7:00 p.m. from July 1 to August 31.
April 1	There will be special dolphin shows for the flower festival from April 20 to May 20.

注　aquarium　水族館　　dolphin　イルカ　　water tank　水槽

【サラ(Sara)とヒカルの会話】

Sara: What are you doing, Hikaru?

Hikaru: I'm looking for aquariums（　①　）the Internet because I have to study about fish for my homework. Are there any good aquariums in Hawaii?

Sara: Yes, there is the Hawaii Aquarium, the biggest aquarium in Hawaii. They have three whale
5   sharks in a water tank.

Hikaru: Wow! Have you ever been ②there?

Sara: Of course! Many times! My father takes me there (①) my birthday every year.

Hikaru: Well, (③).

Sara: Then, check out the website. ④Touch here and you can see many pictures of fish and sea
10   animals on this page.

Hikaru: Look at this! There are four different kinds of dolphins. Is there a dolphin show?

Sara: Sure! You should ⑤touch here to know what time the show starts every day.

Hikaru: Good. Wait a minute. ⑥They will not have any dolphin shows tomorrow.

Sara: Let's go to the aquarium next Saturday.

15 **Hikaru:** Sounds great. I'm free next Saturday. Oh, (⑦)! 〔沖　縄〕

注　Hawaii　ハワイ　　　whale shark　ジンベイザメ　　　check out　～を調べる　　　website　ウェブサイト（ホームページ）

・(1)　(　①　)に共通して入る前置詞を答えなさい。

・(2)　下線部②が指す内容を本文にある語句を用いて4語で答えなさい。

・(3)　(　③　)が「私はどんな種類の魚を飼っているか知りたいのです」という意味になるように，次
　　　の(　)内の語句を並べかえなさい。

　　　(what / they / I / know / kinds of / fish / to / want / have)

(4)　下線部④，⑤でサラ(Sara)はウェブサイト上のどのボタンを押したのでしょうか。それぞれ記
　　　号で書きなさい。

　　　ア　Events　　イ　Animals　　ウ　Shopping　　エ　Restaurants

　　　　　　　　　　　　　　　　　　　　　　　　　　　　　④(　　　　) ⑤(　　　　)

(5)　ヒカルが下線部⑥のように言った理由は，ウェブサイトの「News」のうち，いつの News を見
　　　たからでしょうか。その記号を書きなさい。

　　　ア　July 20　　イ　July 1　　ウ　June 30　　エ　April 1　　　　　　　　(　　　　)

・(6)　空所⑦に入る最も適切なものを，ア～エから1つ選び記号で答えなさい。

　　　ア　see you later　　イ　hold on, please　　ウ　I can't wait　　エ　take care of yourself

　　　　　　　　　　　　　　　　　　　　　　　　　　　　　　　　　　　(　　　　)

・印のついた問題は，実際の入試問題には出題されていません。
　この問題集で新たに作成した問題です。

実戦 2 説 明 文

スキル6 p.22

解答▶p.16

Step A 〉 Step B 〉 Step C

次の英文は，スペイン（Spain）のバルセロナ（Barcelona）にある，サグラダファミリア（The Sagrada Familia）で，彫刻家として働いている外尾悦郎（Sotoo Etsuro）さんについて書かれたものです。あとの(1)〜(4)の問いに答えなさい。

Do you know the Sagrada Familia in Barcelona, Spain? It is a beautiful church made of rocks mainly. A lot of tourists visit it every year. The construction began more than 100 years ago, and many workers are still trying to complete this church. Among them is Sotoo Etsuro, a Japanese sculptor.

Mr. Sotoo studied sculpture in college, but he didn't think he would be a sculptor. In 1978, when he
5　was 25, he traveled in Europe to see the world he didn't know. During the trip, he visited the Sagrada Familia for the first time. Some people were working, and there were many rocks. When he saw the rocks, he really wanted to sculpt them. So he asked the architects of the Sagrada Familia to see his works. They gave him a test to be a sculptor. After a few weeks, he was told, "Congratulations!"

The Sagrada Familia was designed by a famous Spanish architect, Antonio Gaudi. The design had
10　many different parts. So people said it would take such a long time that Gaudi could not see the completed church. But he didn't care. He believed that younger people would understand his ideas and complete construction some day. He thought it was important to complete it slowly and steadily, so he designed turtles for one of the four gates. Each part of the design has messages like this from Gaudi.

Mr. Sotoo started working on the Sagrada Familia. At first, he was called "Japones" by the Spanish
15　workers, and had no friends there. But he kept working hard. A year later, he was told to sculpt five plants. He felt very happy, but didn't know what to sculpt. No one told him "①the answer." He started looking for it by himself. First, he studied the sculptures Gaudi designed for the Sagrada Familia. Then he studied many books of plants, and thought and thought. At last, he found the answer. He started sculpting the five plants and worked hard. It took 14 months to complete them. When he finished, the
20　Spanish workers celebrated. He told them to call him by his name, not "Japones." Since then, they called him "（　②　）."

Mr. Sotoo has worked on the Sagrada Familia for more than 35 years. Many Spanish people working there say Mr. Sotoo understands Gaudi's ideas very well. In 1985, he was asked to sculpt fifteen angels for one of the gates. He had to start with the design of each angel. "What angels does Gaudi want me
25　to sculpt?" he continued to think and sculpt for 15 years. When he finished all the angels in 2000, the gate was completed. It was added to the World Heritage list in 2005. Mr. Sotoo said, "It is important to have a question, and try hard to look for the answer. The answer you find by yourself will be the most important of all." Mr. Sotoo will continue to look for answers to complete the Sagrada Familia.

〔宮　崎〕

注　mainly　主に　　construction　建設工事　　sculptor　彫刻家　　sculpture　彫刻, 彫刻作品　　sculpt　〜を彫刻する
Congratulations!　おめでとう　　Spanish　スペイン人の, スペインの　　Antonio Gaudi　アントニオ・ガウディ（人名）
steadily　着実に　　turtle　カメ　　Japones　（スペイン語で）日本人　　angel　天使

(1)　次の(a)〜(c)の英文を，本文の内容と合うように完成させるのに最も適切なものを，それぞれア〜エから1つ選び，記号で答えなさい。

(a)　The Sagrada Familia _____.

　　ア　is visited by many tourists every year

　　イ　was found more than 100 years ago

　　ウ　is made of a large amount of thatch

　　エ　was completed by a lot of workers　　　　　　　　　　　（　　　）

(b)　Mr. Sotoo _____.

　　ア　traveled in Europe to be a sculptor when he was 25

　　イ　studied sculpture in college and wanted to be a sculptor

　　ウ　saw rocks at the Sagrada Familia and wanted to work there

　　エ　was asked to be a sculptor by the architects of the Sagrada Familia　　（　　　）

(c)　Antonio Gaudi _____.

　　ア　told younger people to complete the Sagrada Familia

　　イ　told people that he could complete the Sagrada Familia

　　ウ　wanted to complete the Sagrada Familia as soon as he could

　　エ　hoped the Sagrada Familia would be completed slowly and steadily　　（　　　）

(2)　下線部① the answer は，外尾さんのどのような疑問に対するものですか。最も適切なものを，次のア〜エから1つ選び，記号で答えなさい。

　　ア　Why do I sculpt the plants?

　　イ　What plants should I sculpt?

　　ウ　How many plants should I sculpt?

　　エ　When do I need to sculpt the plants?　　　　　　　　　　（　　　）

(3)　本文中の（　②　）に入る適切な2語を，本文中からそのまま抜き出して答えなさい。

　　　　　　　　　　　　　　　　　　　　　　　_____

(4)　次のア〜オの出来事を，起こった順番に並べかえ，記号で答えなさい。

　　ア　Mr. Sotoo became a sculptor of the Sagrada Familia.

　　イ　Mr. Sotoo completed one of the gates of the Sagrada Familia.

　　ウ　Mr. Sotoo was told to sculpt five plants.

　　エ　Mr. Sotoo studied sculpture in college.

　　オ　Mr. Sotoo was asked to sculpt fifteen angels.

　　　　　　　　　（　　　）→（　　　）→（　　　）→（　　　）→（　　　）

Step A 〉 Step B 〉 Step C

次の英文を読んで，あとの問いに答えなさい。

'Good-bye, Express for New York,' I saw the news in the newspaper one morning. The paper was saying that (a)the train service between my town and New York would stop next year. Recently, a lot of freeways were built. More people use cars and buses now. Planes have become more popular, too. It is hard to continue the train service. When I was a little boy, I liked the express train very much and

5 always watched it from my house. Taking the train to New York was my dream. When I read the news, I remembered my first trip to New York twenty years ago.

When I was a junior high school student, my teacher told me about a science camp. He knew that science was my favorite subject. I often read books about stars. He said that many junior high school students would stay in New York for three days and learn a lot of things from many scientists.

10 （　ア　） That night I said to my mother, "I want to join the camp. Is it OK?" She said, "You can go, Bob. Try hard." I said, "Thank you! And ... can I ask you one more thing?" "You want to take the express train to New York, right? Well ... OK. (b)I know you have wanted to do so since you were small," she answered.

There were a lot of students from many parts of America at the science camp. The class started.

15 （　イ　） Of course some of them were very difficult. So the scientists said to us, "Now you can ask us questions about things you didn't understand." Many students started to ask them a lot of questions. （　ウ　） Some students even began to talk about their own ideas. They were very excited and were enjoying the discussion. Some of the students asked me, "Do you have any questions?" Others asked, "What's your idea?" I wanted to say something, but I was shy and afraid of talking in

20 front of people. Then I only listened to other students. (c)I couldn't enjoy the camp.

When I was going home in my favorite express train, I just sat there without doing anything. A few hours later, when the train was running through the forest, a little girl next to me was excited and said, "Wow, there are a lot of stars! I have never seen so many beautiful stars." Then she asked me, "Do you know the name of the most beautiful star over there?" She also asked, "Why do the stars have different

25 colors?" She kept asking me many questions about stars and I tried to answer them. When the train arrived in her town, she said, "I'm happy because you taught me many interesting things. I became more interested in stars. Thank you!" I enjoyed talking with her. Also, she taught me (d)something very important. If we want to learn something, we should ask questions about the things we don't know. So we shouldn't be shy.

30 After I came back to my town, I tried to ask many questions in my science class and became more interested in science. Now I am a teacher of science at a junior high school near my town. This

summer I am going to take one of my students to the science camp. He also likes science very much and is a little shy. This camp may change him. Of course we will take the express train to New York because it will be my last chance to do so.

〔長 崎〕

注 express (train) 急行列車　New York　ニューヨーク(アメリカの大都市)　service　運行　recently　最近
freeway(s)　高速自動車道　continue　続ける　camp　合宿　scientist(s)　科学者　discussion　議論
shy　恥ずかしがりの　keep ～ ing　～し続ける　chance　機会

(1)　次の英文は本文から抜き出したものである。本文中の(ア)～(ウ)のどこに入れるのが最も適当ですか。その記号を書きなさい。

At first it was fun to listen to many interesting ideas from the scientists. 　　　　(　　　)

(2)　下線部(a)の理由をまとめた次の文中の(①),(②)にあてはまる日本語を書きなさい。

最近多くの高速自動車道が建設され, 今では(①)から。また, (②)から。

①(　　　　　　　　　　　　　　　　　　　　　　　　　　　　　　　)

②(　　　　　　　　　　　　　　　　　　　　　　　　　　　　　　　)

(3)　ボブ(Bob)の母親が下線部(b)のように言った根拠として最も適当なものを次のア～エの中から1つ選びなさい。

ア　ボブは科学に関する新聞記事をいつも読んでいたこと。

イ　ボブは科学が好きで, いつも星に関する本を読んでいたこと。

ウ　ボブは急行列車が好きで, いつも家から眺めていたこと。

エ　ボブはいつも急行列車に乗ってキャンプに行っていたこと。 　　　　(　　　)

(4)　下線部(c)の理由として最も適当なものを次のア～エの中から1つ選びなさい。

ア　多くの地域の生徒が到着していなかったため, 最初の授業が遅れてしまったから。

イ　参加した他の生徒に質問や意見を求められても, 全く話すことができなかったから。

ウ　母親の反対を押し切って参加したため, 授業に集中することができなかったから。

エ　一部の生徒が一方的に意見を述べ, 自分には発言する機会が与えられなかったから。(　　　)

(5)　下線部(d)の具体的な内容をまとめた次の文中の(①),(②)にあてはまる日本語を書きなさい。

私たちが何かを学びたければ, (①)べきであり, (②)ということ。

①(　　　　　　　　　　　　　　　　　　　　　　　　　　　　　　　)

②(　　　　　　　　　　　　　　　　　　　　　　　　　　　　　　　)

(6)　本文の内容と一致するものを次のア～カの中から2つ選びなさい。

ア　One morning, Bob's mother told him the news about the express train for New York.

イ　Bob read about the science camp in the newspaper and asked his teacher about it.

ウ　When Bob was returning from the camp, he was glad to take the express for the first time.

エ　The girl in the train was excited to see so many stars and asked Bob many questions.

オ　Bob became more interested in science because he met a new teacher after the camp.

カ　After Bob talked with the girl on the train, he tried to ask questions in his science class.

(　　　)(　　　)

実戦 4 メール文

スキル4 p.14

解答▶p.19

Step A 〉 Step B 〉 Step C

次の英文は，オーストラリアでホームステイをすることになったひろきさんと滞在先のニックさんが交換した E メールです。これを読んで，あとの(1)～(5)の問いに答えなさい。

From: Hiroki
"Hello"

Hi Nick,

My name is Hiroki. I am going to stay with your family during my trip to Australia. Thank you
5　very much. I am 15 years old. I love soccer. I am in the soccer club at my school. I started
playing it six years ago.

I heard （　①　） in your country is Australian football. Is it like soccer? I want to know how to
play it.

I also want to know how many people （　②　） in your family. I am going to bring a present for
10　everyone.

Please write to me soon.

Hiroki

From: Nick
"Thanks"

15　Hi Hiroki,

Thank you for your e-mail. I am Nick. I am 16 years old. There are （　③　） people in my
family: my parents, one sister, and me. We are all very happy about your stay with us. You don't
have to bring a present for each of us. If you can bring something, can you bring pictures of your
school? We want to hear a lot about it.

20　I will be happy to teach you Australian football. ④It's like rugby. I play it with my friends every
weekend, so please join us!

Nick

〔兵　庫〕

注　Australian football　オーストラリアン・フットボール(オーストラリア発祥の球技)　　parent(s)　親　　rugby　ラグビー

・(1) （ ① ）に入る次の（ ）内の語句を並べかえなさい。

（ sports / popular / the most / of / one ）

_____

・(2) （ ② ）に入る最も適切なものを，ア〜エから1つ選び記号で答えなさい。

ア there are　　イ are there　　ウ you are　　エ are you　　　　　　　（　　）

・(3) （ ③ ）に入る数字を英語で答えなさい。　　　　　　　　　_____

・(4) 下線部④を It の内容を明らかにして和訳しなさい。

（　　　　　　　　　　　　　　　　　　　　　　　　　　　　　　　　　）

(5) 次のそれぞれの問いに答えなさい。

① When did Hiroki start playing soccer?

② How many brothers or sisters does Nick have?

③ What does Nick want Hiroki to bring?

④ What will Nick do for Hiroki on the weekend?

　① He started playing soccer _____ _____ _____.

　② He _____ _____ _____.

　③ He wants Hiroki to bring _____ _____ _____ _____.

　④ He will _____ Hiroki _____ _____ play Australian football.

実戦 5　スピーチの文

スキル 5 p.18

解答▶p.20

Step A ＞ Step B ＞ Step C

　次は，高校生の俊(Shun)が英語の授業で行ったスピーチの原稿です。彼の原稿を読んで，あとの問いに答えなさい。

【中之島エリアの地図】

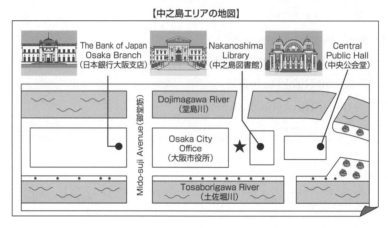

Hello, everyone.

　Look at this map I made. This shows a part of the Nakanoshima area in Osaka. Nakanoshima is （　①　） some historic buildings. You can see three of them on this map: Central Public Hall, Nakanoshima Library, and the Bank of Japan Osaka Branch. Last Sunday, I went to Nakanoshima
5　Library with my brother. When we were walking near the library, a woman spoke to us in English. She asked us to take some pictures of her with the library building. So, I took some pictures. She came from America. She said, "I think Nakanoshima is a beautiful place with rivers and historic buildings. I'd like to see the building of the Bank of Japan Osaka Branch, too. （　②　）" My brother said, "Sure. We will take you there."

10　Now, please look at the map again. Can you see the star on this map? At that time, we were there, （　③　） Osaka City Office and Nakanoshima Library. We started walking from the place the star shows. And, we walked along Tosaborigawa River. When we were walking, my brother said to her, "Some of the historic buildings around here were built about one hundred years ago." I thought my brother was great because he knew (A)that and said it in English. And then, we got to Mido-suji
15　Avenue. He said to her, "The building of the Bank of Japan Osaka Branch is （　④　） there. Please have a good time." After that, my brother and I went home.

　After coming home that day, I looked for historic buildings in Osaka on the Internet because I wanted to know more about them. I found some web pages （　⑤　） historic buildings. I learned there are many other historic buildings in Osaka. And, there are many people who are trying to
20　preserve those buildings.

I think it is interesting to see those historic buildings among the new buildings in Osaka. I hope I can tell people from other countries about them in English in the future.

Thank you.

〔大 阪〕

注 map 地図 area 地域, エリア historic 歴史的な river 川 along 〜 〜に沿って
built: build（建てる）の過去分詞形 web page ウェブページ preserve 保存する

(1) 本文中の 'Nakanoshima is (①) some historic buildings.' が,「中之島はいくつかの歴史的な建物で有名です。」という内容になるように, 英語2語を書き入れ, 英文を完成しなさい。

_____ _____

(2) 本文中の(②)が,「その建物への道を教えていただけませんか。」という内容になるように, 次の( )内の語を並べかえて英文を完成しなさい。

Could (way / tell / the / you / me) to the building?

Could _____ to the building?

(3) 次のうち, 本文中の(③), (④)に入れるのに最も適しているものはそれぞれどれですか。1つずつ選び, 記号を書きなさい。

ア between　　イ during　　ウ into　　エ over　　　　　③(　　　)　　④(　　　)

(4) 本文中の(A)that の表している内容を具体的に述べたところが本文中にあります。その内容を日本語で書きなさい。

(　　　)

(5) 次のうち, 本文中の(⑤)に入れるのに最も適しているものはどれですか。1つ選びなさい。

ア shows　　イ shown　　ウ showing　　エ to showing　　　　　(　　　)

(6) 次のうち, 本文で述べられている内容と合うものはどれですか。1つ選びなさい。

ア The woman Shun and his brother met near Nakanoshima Library spoke to them in English.

イ Shun's brother took some pictures when the woman from America asked him to do so.

ウ Shun wanted to know more about historic buildings in Osaka, so he used the Internet in the library.

エ Shun likes to see historic buildings, and he doesn't want them to be among new buildings.

(　　　)

実戦 6 随 筆 文

スキル5 p.18

解答▶p.22

Step A ＞ Step B ＞ Step C

　次の英文は，中学生の由美子（Yumiko）が，学校のキャンプ（camp）で，同級生の真奈（Mana）とのできごとを振り返って書いたものである。この英文を読んで，(1)〜(7)の問いに答えなさい。

　Mana and I first met five years ago. We were always together. We always wanted to do the same things. We thought we understood everything about each other before the school camp.

　One month before the camp, our teacher made six groups of five students in our class. Mana and I were in the same group. Each group talked about what to do in the free time during the camp. I
5 wanted to go fishing in a lake. So, I said, "I think fishing is good. It'll be a lot of fun! What do you think, Mana?" I thought Mana would ⬚⬚⬚⬚. But she said, "I don't like fishing. I think hiking is better." The other students in my group also wanted to go hiking. I was shocked and felt very sad. After that, Mana and I didn't speak to each other.

　The camp started. Our group went hiking. It was a beautiful day, but I wasn't happy. Then, we
10 started to cook curry and rice for dinner. We worked very hard to make a fire, but it took very long. When the fire became strong, we were happy and said, "We've made it!" Then, we began to work better as a team. Mana and I cut the vegetables together. I wanted to talk to her, but I couldn't. The dinner was finally ready. She served me curry and rice, and there were many potatoes in it. I was very glad to find that. Mana also wanted to talk to me again, I thought. I tried the curry and said, "Very
15 good! This is the best curry that I've ever ① (eat) in my life!"

　After dinner, our class watched the stars together. I sat next to Mana and said, "Thank you for the potatoes. You remembered that I love them." She smiled and said, "When I was very young, I went fishing with my father. I slipped and got injured. I was in a hospital ② (　　　　　) a month. So, I don't like fishing." Then I understood why she didn't want to go fishing. I said, "Thank you for telling me,
20 Mana. I didn't know that. I'm sorry." She said, "I'm sorry, too. I didn't tell you about that." We smiled at each other.

　Mana then said, "When I was in the hospital, the nurses were very kind. So I decided to be a nurse and help people who are sick or injured to make them happy. This is my dream. How about you?" I answered, "My dream is to become a musician. I want to make people happy with my songs." Mana
25 said, "I didn't know that! We share one dream! You want to make people happy as a musician, and I as a nurse. Please come to my hospital and sing happy songs some day."

　Now Mana and I are true friends. I hope our dream will come true.　　　　　　　　　　〔静　岡〕

注　understood　understand の過去形　　fishing　魚釣り　　hiking　ハイキング　　shocked　ショックを受けた
　　curry　カレー　　fire　火　　vegetable(s)　野菜　　finally　ついに　　serve　（料理など）を出す（served は過去形）
　　potato(es)　じゃがいも　　sat　sit の過去形　　slip　滑る（slipped は過去形）　　injured　けがをした

nurse(s) 看護師

(1) 本文中の□の中に補う英語として，次のア〜エの中から最も適切なものを1つ選びなさい。
ア say sorry to me　イ agree with me　ウ speak of me　エ look for me　（　　）

(2) ①の（　）の中の語を適切な形に直しなさい。

(3) ②の（　）の中に補う英語として，ア〜オの中から最も適切なものを1つ選びなさい。
ア at　イ on　ウ for　エ from　オ since　（　　）

(4) 次の質問に対して，英語で答えなさい。
① How many students in Yumiko's group wanted to go hiking?

② What did the students in Yumiko's class do after dinner?

(5) 本文中の下線部のように由美子が感じたのは，真奈がどのような気持ちでいると考えたからですか。由美子がそのように考えるきっかけとなった真奈の行動を含めて，日本語で書きなさい。
（　　）

(6) 真奈は，真奈と由美子の将来の夢についてどのような共通点があると述べていますか，日本語で書きなさい。
（　　）

(7) 次のア〜オの中から，本文の内容に合うものを2つ選びなさい。
ア Yumiko and Mana understood everything about each other before the camp.
イ After cutting the vegetables together, Yumiko and Mana made a fire easily.
ウ Mana doesn't like fishing because she had a bad experience with fishing.
エ Before the camp, Mana knew what Yumiko wanted to be in the future.
オ Mana wants Yumiko to visit Mana's hospital and sing happy songs in the future.
（　　）（　　）

実戦 7　図表を扱った文

スキル 8 p.30

解答 ▶ p.23

Step A ＞ Step B ＞ Step C

　次の英文は，高志(Takashi)が，自分の関心のあるテーマについて，インターネットで調べてグラフ(graph)と表(table)を作り，英語の授業の時間に発表したときのものです。(1)〜(3)の問いに答えなさい。

　I've been interested in the environment since we studied about global warming. Last week, when I was looking for some information about the environment on the Internet, I found very interesting facts about forests. Today I'm going to talk about them.

　First, look at the graph. This graph shows the forest area percentages of Japan and four other
5　countries. You can see that a high percentage of the land in Japan is forest area. Also, aren't you surprised to see that the forest area percentages of the other countries are lower? For example, look at the forest area percentage of (　①　). I thought that it would be over 50%, but the forest area percentage of (　①　) is about a half of the forest area percentage of Japan.

　Now look at the table. This table shows ten prefectures with the highest forest area percentages in
10　Japan. You can see that only two prefectures have forest area percentages that are (②h　　　) than 80%. Gifu is one of them.

　I like Gifu very much because Gifu is rich in nature. So, I hope that I can do something good for the environment in the future to take care of the forests in Gifu.

〔岐　阜〕

注　forest area percentage(s)　森林率(ある地域の面積の中で森林面積が占める割合)　　prefecture(s)　県
　　rich in nature　自然に恵まれた

Graph

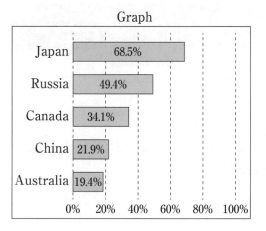

Table

Kochi	84.3%
Gifu	81.5%
Shimane	78.4%
Nagano	78.1%
Yamanashi	78.0%
Nara	77.1%
Wakayama	76.9%
Iwate	76.9%
Miyazaki	76.2%
Tokushima	75.3%

（グラフと表は，林野庁「森林・林業白書」をもとに作成）

(1) 本文中の（ ① ）に入れるのに最も適切な国名を，次のア～エの中から1つ選びなさい。

　　ア Russia　　イ Canada　　ウ China　　エ Australia　　　　　　　　　（　　　）

(2) 本文中の（ ② ）に入れるのに最も適切な英語を，1語書きなさい。ただし，（ ）内に示されている文字で書き始め，その文字も含めて答えること。

_____

(3) 本文の内容に合っているものを，次のア～エの中から1つ選びなさい。

　　ア The graph shows how many rivers each country has.

　　イ The table shows ten countries with the highest forest area percentages in the world.

　　ウ Takashi was surprised to find the forest area percentage of Japan is lower than 50%.

　　エ Takashi wants to help the environment by taking care of the forests in Gifu.　　（　　　）

実戦 8　会　話　文

スキル 7 p.26

解答 ▶ p.24

Step A 〉 Step B 〉 Step C

　次は，Ayaka と留学生の Peter との対話の一部です。2 人は，観光で立ち寄った伝統工芸品の店で話をしています。これを読んで，下の(1)〜(7)に答えなさい。

Peter: This cup is so cool.

Ayaka: Yes, there are so many beautiful cups in this shop.

Peter: You're right.　Look, Ayaka!　＿＿＿(A)＿＿＿ at the table?

Ayaka: They're painting pictures on their cups.　I made my own cup last year.　You can make ＿＿＿(B)＿＿＿.

5 **Peter:** Really?　How can I make it?

Ayaka: First, choose a cup.　Then, paint a picture on it.

Peter: I see.　I'd like to (C)do that.

Ayaka: Then shall we go and choose a cup?

Peter: Well ....　Is painting a picture on it ＿＿＿(D)＿＿＿ because the cup is round?

10 **Ayaka:** Yes, a little.　But it's OK.　There is a teacher and he'll ＿＿＿(E)＿＿＿.

Peter: How nice!　I don't think I can paint a picture fast.　＿＿＿(F)＿＿＿?

Ayaka: About thirty minutes.　We can stay here for one hour.

Peter: Good.　Let's go.

(Thirty minutes later)

15 **Ayaka:** Peter, you are an artist!　We saw this ☐ over the river today.

Peter: Yes, I liked it very much.　This picture is the ☐ of friendship between Japan and my country Australia.

Ayaka: You've made a really wonderful cup.

（山　口）

注　cup(s) カップ　　paint(ing) 〜を描く　　choose 〜を選ぶ　　round 丸い　　artist 芸術家　　friendship 友情

(1) 下線部(A), (D)に入る最も適切なものを, ア～エから1つずつ選び, 記号で答えなさい。

(A) ア What are they doing

イ Where are they drinking tea

ウ When did they sit

エ Which picture are they painting （　　）

(D) ア popular

イ interesting

ウ difficult

エ true （　　）

・(2) 下線部(B)に入る最も適切なものを, ア～エから1つ選び記号で答えなさい。

ア mine　イ yours　ウ it　エ them （　　）

(3) 下線部(C)の do that が指す内容として最も適切なものを, 次のア～エから選びなさい。

ア make a new friend in my school

イ show you how to paint a picture on the cup

ウ buy a cup which has a beautiful picture

エ paint a picture on the cup I choose （　　）

・(4) 下線部(E)に入る次の（　）内の語句を並べかえなさい。

(you / it / do / how to / show)

_____

(5) 下線部(F)に, 場面にふさわしい5語以上の英語を書きなさい。

_____ ?

(6) 本文の流れに合うように, ▢▢▢に共通して入る最も適切なものを, 次のア～エから選びなさい。

ア cup　イ fish　ウ bridge　エ pen （　　）

・(7) 次の質問に対して英語で答えなさい。

Where is Peter from?

He is _____ _____ .

解答▶p.25

Step A ▷ Step B ▷ Step C

次の英文は，ロンドンに留学中である高校生の亜矢(Aya)が，日本の高校で英語を習ったスミス先生(Mr. Smith)に書いた手紙です。これを読んで，⑴〜⑸の問いに答えなさい。

October 6

Dear Mr. Smith,

　How are you? I left Japan in September and one month has already passed. My host family is very nice. They speak to me slowly and try to understand me. At school, I still can't understand classes very well. But my teachers always help me. I enjoy studying and playing sports with my friends. So I am OK at home and at school. But in the city, I often have some trouble with English.

　Last week, I went to a bookstore near my house. When I bought a book, the clerk spoke to me. He said a few words very fast, and I could not understand him. I said to him, "Pardon?" He said the same words again and showed me a bag. But I still could not catch each word. ①So I said nothing and only smiled. After I got home, I told my host mother about this. According to her, clerks usually say "Do you need a bag?" when we buy things. But they sometimes say "Need a bag?" in a casual way. Then, I learned how to practice English from her. She said, "When you hear words you cannot catch, you should ask the person to write the words in your notebook. Then, you can read the words in the notebook aloud many times. By doing this, you will get used to saying the words and listening to them." I tried her idea the next day. She was right. So I understand that ⬚.

　Today, I went to a store in the city. When I was walking on the street, a foreign person asked me, "Where is the station?" It was difficult for me to tell him the way, but ②I did so with a map I had and with gestures. I smiled, and was happy to have communication with him. In fact, ③I was very surprised when he asked me the way. I didn't think people asked foreign people like me the way in London. But it is natural for foreign people to have communication in English because many people from different countries live here together.

　I still have some trouble with language in London. But it is necessary and interesting to have communication in my life. It is important to use words I've learned and to use other ways like gestures. ④These two things will make communication better.

　I will write a letter to you again. I hope you enjoy life in Japan.

Best wishes,

Aya

〔福　島〕

注　host ～　ホームステイ先の～　　try to ～　～しようとする　　bookstore　本屋　　same ～　同じ～　catch ～　～を聞き取る　　smile　ほほえむ　　according to ～　～によれば　　casual　打ち解けた　ask ～ to ...　～に…するように頼む　　aloud　大きな声で　　get used to ～　～に慣れる　　gesture　身振り　natural　当然の

(1) 下線部①について，亜矢の心情の説明として最も適当なものを，ア～エの中から１つ選びなさい。

　　ア　Aya was glad because she was able to buy a book she liked.

　　イ　Aya was excited because she wanted to talk with the clerk.

　　ウ　Aya wasn't sad because she was able to get the bag she wanted.

　　エ　Aya wasn't happy because she could not catch the clerk's words.　　　　　（　　）

(2) 本文中の▢▢▢▢に入る最も適当なものを，ア～エの中から１つ選びなさい。

　　ア　it is very difficult for me to remember the person who said the words

　　イ　it is very difficult for me to read the words I wrote in my notebook

　　ウ　it is very useful for me to make a notebook with the words I can't catch

　　エ　it is very useful for me to ask people to read the words in my notebook many times　　（　　）

・(3) 下線部②を so の内容を明らかにして和訳しなさい。

　　（　　　　　　　　　　　　　　　　　　　　　　　　　　　　　　　　　）

(4) 下線部③について，その理由を35字程度の日本語で書きなさい。

　　（　　　　　　　　　　　　　　　　　　　　　　　　　　　　　　　　　）

・(5) 下線部④が指すものを本文から２語で抜き出して書きなさい。

　　　　　　　　　　　　　　　　　　　　　_____　_____

実戦 10 物語文

解答▶p.27

Step A 〉 Step B 〉 Step C

　次の英文は，Forest Middle School(フォレスト中学校)の学校新聞に載った "The Mystery of Lake Forest"(フォレスト湖の謎)というタイトルの記事です。この記事を読んで，あとの⑴〜⑷の問いに答えなさい。

The Mystery of Lake Forest

By Monica Brown, Forest Middle School

A wedding ring a woman lost in 2012 was (　①　) in a fish's stomach 3 years later.

　Nancy Smith has lived with her husband, John Smith, on the east side of Lake Forest for 15 years
5 since 2000, and in 2012 she lost her wedding ring from John while she was at home. She looked for it
but couldn't find it. About 3 years after she lost it, on July 23, 2015, her daughter, Mary Smith, went
fishing in the lake in the early morning and caught three fish. Mary brought them home for her
family's breakfast. Then, when Nancy started to cook one of the three fish, she took her lost wedding
ring out of the fish's stomach. "John and I were very surprised but happy to find my ring, because we
10 gave up looking for it soon after I lost it. I don't know how the ring was lost and eaten by a fish. It's a
mystery," said Nancy.

An interview with Mary Smith

(Nancy's daughter: age 13)

Reporter: Please tell me about July 23. Do you often go fishing in Lake Forest?

15 **Mary:** Yes, I like fishing there. On that day, I went to the bridge on the west side of the lake
because it's known as a good spot for fishing. In only 30 minutes, I caught three big fish and
thought they would be enough for our breakfast. I stopped fishing and went back home with the
fish. Soon after Mom started cooking them, suddenly she said, "Oh! My ring came out of the
fish!" I was really surprised when Mom showed me her name on the ring.

20 **Reporter:** It's really a mystery.

Mary: Here is the picture I took on that morning.

Reporter: Wow! The fish might be the only thing (　②　), right?

Mary: Yes, but ... we ate it all.

Reporter: Oh, we lost the key to the mystery!

[Map of Lake Forest]

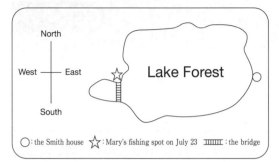

North

West ── East

South

◯ : the Smith house ☆ : Mary's fishing spot on July 23 ⅢⅢⅢ : the bridge

Lake Forest

〔千 葉〕

第2章 実戦入試対策

Step A
Step B
Step C

注 wedding ring 結婚指輪   stomach 胃   interview インタビュー   spot 場所
might （ひょっとして）～かもしれない   key （解決の）手がかり

(1) 本文中の下線部の英文が，この記事全体の内容の要約文になるように（ ① ）に入る適当な英
単語1語を書きなさい。

_____

(2) 本文の内容に関する次の質問に，英語で答えなさい。
Why did Nancy Smith believe the ring in the fish's stomach was hers?

_____

(3) 本文中の（ ② ）に入る最も適当な英語を，次のア～エのうちから1つ選びなさい。
ア that can live in the lake
イ that can explain the mystery
ウ that can forget the mystery
エ that can eat a lot of rings　　　　　　　　　　　　　　　　（　　）

(4) 本文の内容に合っているものを，次のア～エのうちから1つ選びなさい。
ア Mary was born before her parents started to live by Lake Forest.
イ Nancy was surprised to find the ring as she looked for it for three years.
ウ John felt sorry to hear that his daughter lost his wife's ring.
エ Mary caught three fish at the bridge in half an hour on July 23.　　　　（　　）

実戦 11 メール文

スキル4 p.14

解答 ▶ p.28

Step A 〉 Step B 〉 Step C

次の英文は，オーロラ(aurora)に興味を抱いた高校生の一輝が，アラスカ(Alaska)州の大学のスミス教授(Professor Smith)に送った電子メールとその返信です。これを読んで，問いに答えなさい。

To: James Smith 〈smith@***.***.us〉
From: Kazuki Hoshino 〈kazuki@***.***.jp〉

Dear Professor Smith,

　My name is Kazuki. I'm a high school student in Japan. When I was looking for information about
5　the aurora on the Internet, I found your website. I'm sending an e-mail to you because I want to know about your research on the aurora.

　Last week a professional photographer visited our school and gave us a special lesson. He showed us beautiful pictures and movies of the aurora and talked about his experience in Alaska. He said the aurora is the most beautiful phenomenon in the world and we should see it at least once in our lives. I
10　was moved by the beautiful movies of the aurora which was moving like a curtain with the wind from the earth.

　In his lesson he said that ①the aurora is a message from the sun. ②That (but / didn't / he / I / interesting / meant / sounded / what / understand). I thought the aurora was a phenomenon from the lights of stars, not the sun, because the aurora can be seen in the dark. When can you see the
15　aurora in Alaska?

　I'll be happy if you have time to answer my e-mail. Thank you for reading!

To: Kazuki Hoshino 〈kazuki@***.***.jp〉
From: James Smith 〈smith@***.***.us〉

Hello, Kazuki,

20　Thank you for your e-mail. I'm very happy you're interested in the aurora. You heard that the aurora is a message from the sun. Yes, that's right. It tells us many interesting things about the sun and the earth. The aurora is made from particles that travel from the sun to the earth for about three days. So we can say the aurora is a part of the sun. When they come into the atmosphere, they emit light. The aurora is the phenomenon from the light of the particles.
25　You think the aurora is moving with the wind from the earth, but actually it's not true. The light of each particle of the aurora just goes on and off. It's similar to electronic message boards which show moving words or pictures though each light doesn't move. Because of it the aurora looks like moving

curtains. However, there are things we still don't know. The aurora has many mysteries. This is another interesting point of the aurora!

30   The phenomenon of the aurora happens almost every day, but, under ③some conditions, it's difficult to see it in Alaska. As you know, you can't see it when it's bright. Also cloudy nights are not good for seeing the aurora. And some people think they can see the aurora only on cold days. Actually it's often cold on clear days in winter, so you can often see the aurora on cold days. But you can see it on warm days too.

35   I know a Japanese scientist who studies the aurora. He said that students study the aurora in some Japanese high schools and universities too. I hope you'll study a lot about the aurora and visit Alaska to see it with your own eyes in the future!

〔北海道〕

注   research 研究   professional プロの   photographer 写真家   phenomenon 現象
at least once 少なくとも一度は   curtain カーテン   wind 風   particle(s) 粒子   travel 移動する
atmosphere 大気圏   emit 放つ   go on and off 点滅する   similar to 〜 〜に似ている
electronic message board(s) 電光掲示板   mystery (mysteries) 謎   condition(s) 条件
bright 明るい   clear 晴れた

(1) 下線部①について，スミス教授の解釈として最も適当なものを，ア〜エから選びなさい。

ア The sun gives us a long summer which makes us happy.

イ We can learn a lot about the sun and the earth from the aurora.

ウ The beautiful particles from the aurora go down to the earth.

エ We can live because of the sun which makes the earth warm.   (   )

(2) 下線部②が，本文の内容から考えて，正しい英文となるように，（ ）内の語句を並べかえて書きなさい。

That _____.

(3) 下線部③の具体的な条件を含む組み合わせを，ア〜オからすべて選びなさい。

ア (bright — cold — clear)

イ (dark — cold — clear)

ウ (dark — cold — cloudy)

エ (dark — warm — clear)

オ (dark — warm — cloudy)   (   )

(4) 本文の内容と合わないものを，ア〜オから２つ選びなさい。

ア The photographer who visited Kazuki's school told Kazuki about a website about the aurora.

イ Kazuki sent an e-mail to Mr. Smith after Kazuki saw the pictures and movies of the aurora.

ウ Mr. Smith said that he still doesn't know where the particles of the aurora come from.

エ Kazuki and Mr. Smith had different ideas about where the lights of the aurora come from.

オ Mr. Smith said that the aurora is studied in some schools in Kazuki's country too.

(   )(   )

実戦 12　物 語 文

スキル5 p.18

解答▶p.30

Step A ＞ Step B ＞ Step C

次の英文を読んで，あとの各問いに答えなさい。

　I am Cathy and live near the sea. I often go to the beach. One day, ①a small boy, with a red baseball cap and a yellow T-shirt, was walking alone on the beach with a camera. I thought he was five or six years old. ②I asked him, "Are you O.K?" because he was looking for something for a long time. He said, "My mother loves the sea, but she is sick in the hospital and can't come to see it. So I want to

5 take some pictures of the sea and show them to her, but I don't know the best place for taking the pictures." I said, "I see. I know a good place. Do you see that big rock? Let's walk to it." His name was Mike. We walked to it and went up the big rock.

　When Mike saw the nice view, he looked very happy. So I was also happy. Then Mike took a few pictures of the sea. I said to him, "(　③　)" He said, "Yes, please." So I took some pictures of him.

10 When we got off the rock, I said, "I hope your mother will enjoy the pictures and get well soon." He stopped walking and looked at me. Then, he said, "Thank you." He was almost crying. He was a very little boy but he was trying to do everything to help his mother. So ④I wanted to do one more thing for him. I opened my small bag and took some "sunrise shells" out of it and I said, "These are for you and your mother. They are for good luck. I want you and your mother to have these shells." He

15 looked very happy and said, "Thank you so much. I will give them to my mother."

　A month later, I was sitting on the beach and watching the sea. I saw two people. The two people were Mike and his mother. His mother looked well and Mike looked very happy. Mike's mother said to me, "Thank you very much for helping my son. Thanks to those pictures and sunrise shells, I got better. We were looking for you. We brought a present." Mike gave me a small box. I said, "Thank

20 you." I opened the box and felt very happy. In the box, there were a beautiful pendant and a card.

　The card said,

> Dear Cathy,
> 　Thank you so much. I made this pendant with one of the sunrise shells you gave me.
> 　I hope this will make ⑤ (　　　　) (　　　　) too.
> 25 　　　　　　　　　　　　　　　　　　　　　　　　　　　　　　Mike

〔鳥　取〕

注　beach　海岸，浜辺　　rock　岩　　got off ～　～を降りた
　　sunrise shell(s)　サンライズ・シェル（ハワイ産の貝の一種）　　good luck　幸運　　Thanks to ～　～のおかげで
　　pendant　ペンダント

(1) キャシー(Cathy)が出会った，下線部①の人物の様子を表す文として，最も適切なものを，次のア〜エから１つ選びなさい。

　　ア 黄色の帽子をかぶり，１人で歩いていた。

　　イ 赤色の帽子をかぶり，仲間と一緒に歩いていた。

　　ウ 黄色のＴシャツを着て，１人で歩いていた。

　　エ 赤色のＴシャツを着て，仲間と一緒に歩いていた。　　　　　　　　　（　　　）

(2) キャシーが下線部②のように問いかけた理由を，日本語で答えなさい。

　　（　　　　　　　　　　　　　　　　　　　　　　　　　　　　　　　　　　　）

(3) （　③　）にあてはまる英文を，本文の内容から判断して，１文で答えなさい。

　　_____

(4) キャシーは，なぜ下線部④のように思いましたか。日本語で答えなさい。

　　（　　　　　　　　　　　　　　　　　　　　　　　　　　　　　　　　　　　）

(5) キャシーとマイク(Mike)が出会ってから１か月後，マイクと母親は，なぜキャシーをさがしていましたか。その理由を日本語で答えなさい。

　　（　　　　　　　　　　　　　　　　　　　　　　　　　　　　　　　　　　　）

(6) 下線部⑤の（　）にあてはまる適切な語を，本文の内容から判断して，それぞれ英語１語で答えなさい。

　　　　　　　　　　　　　　　　　　　　　　　　　_____　_____

(7) 本文の内容に一致する，適切な英文を，次のア〜カから２つ選びなさい。

　　ア Cathy lives near the sea, but she never goes to the beach.

　　イ Mike was walking on the beach with his camera and met Cathy.

　　ウ Mike's mother was feeling bad and stayed at home for two months.

　　エ Cathy took some pictures of Mike on the big rock with a beautiful view.

　　オ Cathy gave Mike some pictures of her mother for his birthday.

　　カ Cathy took some pictures of Mike and his family at the hospital.　　（　　　）（　　　）

実戦 13 グラフを扱った文

スキル8 p.30
解答▶p.32

Step A Step B Step C

春子(Haruko)さんは，テレビを見て興味をもったバーチャルウォーター(virtual water)について，宿題の英文レポートを書きました。そのレポートを読んで，あとの問いに答えなさい。

There is much water in Japan. You can drink and use water easily. In Toyama, we have a lot of snow, and there are a lot of mountains and rivers. You can always drink clean water.

However, when you look at the world, water for drinking is (　①　). Many people in the world don't have clean water. In some parts of the world, there isn't a lot of water to grow food. There are
5　some countries which have had water problems with other countries.

Many people in the world don't have a lot of water, but now Japan imports a lot of water from other parts of the world. When you hear this, you can think of plastic bottles of water carried from other countries. It is true that many bottles of water are imported to Japan, but Japan also imports the water that you can't (　②　). This water is called "virtual water."

10　For example, if you want to grow 1 kilogram of corn in Japan, you need about 1,800 liters of water. But if you import 1 kilogram of corn from abroad, you don't have to use that amount of Japanese water. So, when corn is imported from other countries, you use the water of those countries.

Let's think about the amount of virtual water for *gyudon*. *Gyudon* is made of beef, rice, and some other kinds of food. Look at the graph below. If you want to know the amount of virtual water for a
15　bowl of *gyudon*, you have to think about all of the virtual water for each kind of food. A bowl of *gyudon* needs about 1,900 liters of virtual water. In this graph, you can find that beef is about 33% of a bowl of *gyudon* by weight. How about the virtual water for beef? The amount of virtual water for beef is about 76% of that of *gyudon*.

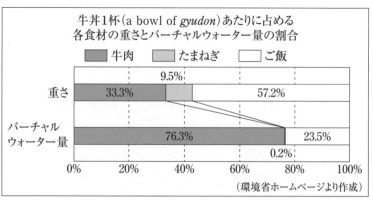

How about the virtual water for a hamburger? If you make a hamburger, you need beef, bread, and
20　some other kinds of food. It's about 1,000 liters. And the amount of virtual water for beef is about 93% of that of a hamburger. Do you know why beef needs so much virtual water? Beef cattle eat a lot of

corn, and you need a lot of water to grow corn. So a lot of virtual water is needed for beef.

About 60% of the food that Japanese people eat is imported. This means that a lot of virtual water is also imported. The amount of all the virtual water imported in a year is almost the same as the amount
25 of water used in Japan in a year.

It can be said that Japanese people "eat" much of the world's water. But in the world, some countries don't have enough water to grow food. Can Japan import this amount of virtual water in the future? The answer will be "No," because there will be more people in the world and more water will be needed to grow food for them. We mustn't forget the water problems in the world. 〔富 山〕

注　grow　栽培する，育てる　　import　輸入する　　plastic bottle of water　ペットボトルに入った水
　　kilogram　キログラム　　corn　トウモロコシ　　liter　リットル　　amount　量　　beef　牛肉　　graph　グラフ
　　by weight　重量で　　bread　パン　　beef cattle　肉牛　　same　同じ

(1)　（　①　），（　②　）に入る最も適切なものを，次のア～エからそれぞれ1つずつ選びなさい。
　　①　ア　clean　　　イ　safe　　　ウ　not used　　　エ　not enough　　　　　　　　　（　　　）
　　②　ア　read　　　イ　talk　　　ウ　think　　　エ　see　　　　　　　　　　　　　　（　　　）

(2)　春子さんは，牛丼やハンバーガーの例を出して，牛肉には大量のバーチャルウォーターが必要だと述べていますが，その理由を本文の内容から読み取り日本語で答えなさい。ただし，「えさ」と「水」という語を使って書きなさい。
　　（　　　）

(3)　本文の内容に合うものを，次のア～オから2つ選びなさい。
　　ア　1キログラムのトウモロコシを栽培するには，約1,800リットルの水が必要である。
　　イ　ハンバーガー1個のバーチャルウォーター量の方が，牛丼1杯のバーチャルウォーター量よりも多い。
　　ウ　日本で消費される食料の約40パーセントは輸入されている。
　　エ　国内で1年間に使われる水の量と，1年間に輸入されるバーチャルウォーター量はほぼ同じである。
　　オ　春子さんは，日本は今後多くの水を世界に輸出するべきだと考えている。
　　　　　　　　　　　　　　　　　　　　　　　　　　　　　　　　　（　　　）（　　　）

Step A ▶ Step B ▶ Step C

次の英文を読んで，あとの(1)～(7)の問いに答えなさい。

There are a lot of people around us. Some people have the same ideas and other people have different ones. Is it difficult to be friends with people who have different ideas? Animals may have some answers to this question.

People have been good friends with some animals for a long time. Some people have animals at
5　home as their pets. （　ア　）A lot of children like to go to a zoo to see animals.

Some people say, "Animals sometimes look like people." Do you agree? Other people say, "Animals can feel sad and love other animals, too." Do you believe it? （　イ　）You may not believe it but there are some examples.

For example, a dog is happy and moves its tail fast when its owner comes home and is happy to see
10　the dog. Have you ever seen a cat that comes to its owner and tries to cheer its owner up when the owner is crying? How about a dog that looks sad when its owner is sad? ①These are some of the examples which show that animals share feelings with people.

The following story is one of the examples which shows a good relationship between two different kinds of animals. It is about a bear and a cat at a zoo.

15　The bear was born in the zoo and lived there throughout its life. One day, a cat came to the zoo. （　ウ　）The cat went into the bear's cage. When the cat and the bear saw each other, the cat walked to the bear. The cat wasn't afraid of the bear and the bear didn't attack the cat. They became friends. They ate the same food together. They slept together. ②People were surprised to see the relationship between the big animal and the small animal. One of the workers at the zoo said, "It's not usual to see
20　such a good relationship between two different kinds of animals. People who visit this zoo like watching them."

One day the bear was moved from its cage. The cage was old and the workers had to repair it. （　エ　）After the bear was moved to a place in a building, the cat walked around the cage and looked for the bear but it couldn't find ③its friend. Finally, the workers finished repairing the cage and they
25　moved the bear to the new cage. The cat also came to the cage. The cat could go into the cage and go out of it again. The bear and the cat had a good time together again, so they looked happy.

You may not believe that these two different kinds of animals became such good friends. （　オ　） We don't know why the bear and the cat had a happy time together without fighting, （　④　）. Different kinds of animals can live happily together. So we can also live happily together with a lot of
30　people in the world. You may think it is not easy because some people have different ideas and other people speak different languages. To have good relationships with them, we should try to understand

each other and to share our ideas. I hope we can live happily together like the bear and the cat. 〔新 潟〕

注 same 同じ　move ~ ~を動かす　tail 尾　owner 飼い主　cheer ~ up ~を元気づける
　feelings 感情　following 次の　relationship 関係　bear クマ　throughout ~ ~の間ずっと
　cage おり　attack ~ ~を襲う　usual 普通の　repair ~ ~を直す　fighting 争い　happily 幸せに

(1) 次の英文は，文中のア～オの（　）のどこに入れるのが最も適当ですか。当てはまる記号を書きなさい。　　　　　　　　　　　　　　　　　　　　　　　　　　　　　　　　（　　　）

　No one knew where the cat came from.

(2) 下線部①について，その内容を3つ，具体的に日本語で書きなさい。
　（　　　　　　　　　　　　　　　　　　　　　　　　　　　　　　　　　　　　　）
　（　　　　　　　　　　　　　　　　　　　　　　　　　　　　　　　　　　　　　）
　（　　　　　　　　　　　　　　　　　　　　　　　　　　　　　　　　　　　　　）

(3) 下線部②について，人々はなぜ驚いたのですか。その理由として最も適当なものを，次のア～エから1つ選びなさい。

　ア　クマとネコが同じおりの中で生まれ，生涯一緒に過ごしたから。
　イ　ネコがおりに入ってきて，クマを追い出そうとしたから。
　ウ　クマとネコが，一緒に食べたり寝たりしていたから。
　エ　ネコが，クマがいなくなったあと，二度と現れなくなったから。　　　　（　　　）

(4) 下線部③は何を指していますか。日本語で書きなさい。
　　　　　　　　　　　　　　　　　　　　　　　（　　　　　　　　　　　　　　　　）

(5) 文中の④の（　）の中に入る最も適当なものを，次のア～エから1つ選びなさい。

　ア　so it is exciting to try to give something to these animals
　イ　but it is important to try to learn something from these animals
　ウ　so it is good to try to move something from a place to a new place
　エ　but it is bad to try to share something with animals　　　　（　　　）

(6) 文中では，さまざまな人々とよい関係を持つためには，どうすべきであると述べられていますか。具体的に日本語で書きなさい。
　（　　　　　　　　　　　　　　　　　　　　　　　　　　　　　　　　　　　　　）

(7) 次の①～③の問いに対する答えを，それぞれ3語以上の英文で書きなさい。

　① Where do many children like to go?
　_____

　② Did the bear attack the cat when they met each other?
　_____

　③ After the bear was moved to the new cage, why did the bear and the cat look happy?
　_____

実戦 15 会 話 文

スキル 7 p.26

解答 ▶ p.35

Step A 〉 Step B 〉 Step C

　次の英文は，１組の留学生アンナ(Anna)が，２組の大樹(Daiki)と交わしている会話です。次のアンケートの結果(the results of the questionnaire)を参考にして英文を読んで，問い(1)〜(4)に答えなさい。

アンケートの結果(the results of the questionnaire)

◆１・２組の生徒が飼っているペットの種類とそのペットを飼っている生徒の数

ペットの種類	１組（人）	２組（人）
i	6	5
ii	4	5
iii	3	2
iv	2	3
合計	15	15

※複数の種類のペットを飼っている生徒はいなかった

◆１・２組のペットを飼っている生徒がペットを飼っていてよかったと思っている点

	人数（人）
幸せな気持ちになれる	25
いのちの大切さを実感する	20
家族との会話がはずむ	18
一緒に散歩を楽しめる	11
ペットを通じて友人がふえる	8

※１人が複数の項目をあげた場合もある

Anna: Hi, Daiki. What are you looking at?

Daiki: Hi, Anna. I'm looking at the results of the questionnaire I made about pets.

Anna: Oh, can I look at them?

Daiki: Sure. Some students in my class and your class have birds, cats, dogs, or fish at home. All the
5　students who have pets answered my questions.

Anna: Do you have a pet, Daiki?

Daiki: Yes, I have some fish. I've taken care of them for five years.

Anna: That's nice.

Daiki: Two of the other fish owners are in my class, and they are my friends. I didn't know the fish
10　owners in your class, but, through this questionnaire, we became friends.

Anna: Good. Do you enjoy having fish?

Daiki: Taking care of them is not easy, but I enjoy living with them. I really like watching my fish swimming in the water. As the largest number of students say in the questionnaire, I'm (①) when I'm with my pets.

15 **Anna:** I'm one of those students, too. I have a cat and she's so cute. My family members enjoy talking about her. That's also one of the good points of living with pets.

Daiki: I (②) . I think pets sometimes help us with our communication.

Anna: Daiki, I thought that, in my class, there were more cat owners than dog owners. But that's not true. (③)

20 **Daiki:** I'm not sure, but all the students living with dogs in our classes say that they can enjoy walking together with their pets. Maybe, that is one of the reasons.

Anna: Oh, I understand. I sometimes (④) people walking with their dogs on the streets, and it looks fun.

Daiki: In my class, there are as many cat owners as dog owners. What do you do with your cat?

25 **Anna:** I enjoy playing with my cat. I really have a good time with her every day. However, when I find she is sick, I am worried. As nineteen other students and I say in the questionnaire, through having pets, we can understand that life is important.

Daiki: I agree. I think pets are our friends and part of our family.　　　　　　　　　〔京　都〕

注　questionnaire　アンケート　　～ owner　～の飼い主　　communication　コミュニケーション
　　be worried　心配している　　life　いのち

(1)　本文の内容とアンケートの結果(the results of the questionnaire)から考えて(　①　)に入る最も適当な1語を書きなさい。また，(　②　)，(　④　)に共通して入る最も適当な1語を書きなさい。　　　　　　　　　　　　　　　　　　①＿＿＿＿＿＿＿　②・④＿＿＿＿＿＿＿

(2)　(　③　)に入る最も適当なものを，次のア～エから1つ選びなさい。

　　ア　What is your reason for having a dog as your pet?

　　イ　When do the students take care of their dogs?

　　ウ　Why are dogs so popular among the students?

　　エ　How many students walk with their dogs?　　　　　　　　　　　　　　　　（　　　　）

(3)　アンケートの結果(the results of the questionnaire)の中の ii，iii は，次のア～エのどれにあたるか，それぞれ1つずつ選びなさい。

　　ア　鳥　　イ　猫　　ウ　犬　　エ　魚　　　　　　　　　　　　ii(　　　) iii(　　　)

(4)　本文の内容と一致する英文として最も適当なものを，次のア～エから1つ選びなさい。

　　ア　Anna thought that, in her class, the number of dog owners was as large as the number of cat owners.

　　イ　Anna says she really likes to watch Daiki's fish when they are swimming in the water.

　　ウ　Daiki didn't know any fish owners in his class, but they became his friends through the questionnaire.

　　エ　Daiki says that all of the dog owners in the two classes say they enjoy walking with their dogs.

　　　　　　　　　　　　　　　　　　　　　　　　　　　　　　　　　　　　　　（　　　　）

実戦 16 スピーチの文

スキル5 p.18

解答▶p.36

Step A ▶ Step B ▶ Step C

健(Ken)の通う中学校の英語の授業では，写真を見せながら説明し合う活動をしています。次の英文は，健がその活動で発表したときのものです。(1)～(6)の問いに答えなさい。

Please look at ① this picture. You can see four kinds of birds in this picture. I'm sure that everyone knows these birds and their names in Japanese. But can you say what each bird is called in English? The biggest white bird is a 'swan' and this smaller white one is a 'dove'. Then this black bird is a 'crow' and the smallest bird is a 'swallow'.

5　In this picture, which kind of bird do you like the best? I think most of you will choose swans because they are very beautiful on a lake. Many of you will say doves are your favorite birds because they are well known as a symbol of peace. Or some of you may like crows because they are very clever. Me? I like swallows the best. Today I'm going to tell you why I like swallows.

Before talking about swallows, I want to ask you one question. Have you ever heard of 'migratory 10 birds'? Migratory birds are birds which travel from one part of the world to another according to the seasons every year. Actually swallows and swans are migratory birds. As you know, swans can be seen only in fall and winter in Japan. They leave Japan and fly north in spring. But crows and doves are not migratory birds because (　②　).

All right, now I'll tell you why I like swallows.

15　First, swallows are very strong. The average size of an adult swallow is about 17 cm. Swallows are very small but their flight speed is sometimes more than 200 km per hour. Most swallows which come to Japan usually stay in warmer countries during winter, for example, the Philippines, Malaysia and Indonesia. That means the swallows have to fly more than 2,000 km to come to Japan and another 2,000 km to travel to other countries in one year. Don't you think swallows are very strong?

20　Second, swallows are very smart. I have read one book about swallows. It says swallows usually come back to the same nests every year. Just imagine! Can you go to a foreign country by yourself without getting lost? Swallows don't have a map or a tour-guide. But they remember the places they once visited and can return to the same nests. I don't know how swallows can find their way to the same nests when they fly back to Japan from other countries. I believe swallows have many special 25 abilities that we don't have. I think one of their abilities has something to do with the sun. Do you remember how the sky changed during the eclipse of the sun some years ago? It got dark suddenly like the night sky. Then the swallows in the nest at my house became ③ panicked and started chirping very loudly. I guess they noticed something strange was happening to the sun.

Third, adult swallows work very hard for their family. Is there a swallow's nest at your house? If so, 30 please watch your swallows for a few weeks very carefully. You'll see how hard they work. Before having baby birds, adult swallows try to build a nest for their family from morning to evening. After they lay eggs, they try to keep the eggs warm all day. After baby birds come out of the eggs, adult

swallows work hard to take care of their baby birds. They clean the nest, feed their baby birds and protect them from other birds like crows. When baby birds grow up, (④). That's an important
35 job for adult swallows because baby birds need to fly well to get food alone after leaving their nests. Adult swallows work really hard. Don't you agree?

Actually, there are still many mysteries about swallows. So I want to go to college to learn more about swallows and find the answers to the mysteries.

〔岐 阜〕

注　symbol　シンボル　　according to ～　～によって　　average　平均的な　　adult　おとな　　per ～　～につき
the Philippines　フィリピン　　Malaysia　マレーシア　　Indonesia　インドネシア　　nest　巣　　ability　能力
have something to do with ～　～と何か関係がある　　eclipse of the sun　日食　　chirp　さえずる　　lay　産む
feed　エサを与える　　protect　守る　　mystery　なぞ

(1)　下線部①にあたる最も適切なものを，次のア～エの中から1つ選びなさい。

ア	イ	ウ	エ
			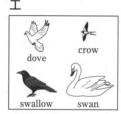

（　　　）

(2)　本文中の（ ② ）に入れるのに最も適切なものを，次のア～エの中から1つ選びなさい。

ア　they are very beautiful on a lake but their flight speed is more than 200 km per hour

イ　they are very clever and they are also well known as a symbol of peace

ウ　they can be seen only in fall and winter in Japan and they leave Japan and fly north in spring

エ　they don't travel from one part of the world to another according to the seasons　　（　　　）

(3)　下線部③と，ほぼ同じ意味を表すものを，次のア～エの中から1つ選びなさい。

ア　pleased　　イ　surprised　　ウ　interested　　エ　tired　　　　　　　　　　（　　　）

(4)　本文中の（ ④ ）に入れるのに最も適切なものを，次のア～エの中から1つ選びなさい。

ア　adult swallows teach them how to fly　　イ　adult swallows build a new nest for them

ウ　baby birds take care of their brothers　　エ　baby birds do not eat food at all　　（　　　）

(5)　次の質問に対する答えを，本文の内容に即して，英語で書きなさい。ただし，＿＿の部分には
1語ずつ書くこと。

① Does Ken like swans the best of the four birds in the picture?

＿＿＿＿＿＿＿＿＿ , he ＿＿＿＿＿＿＿＿＿ .

② What do adult swallows do after they lay eggs?

They try to ＿＿＿＿＿＿＿＿＿ their ＿＿＿＿＿＿＿＿＿ warm all day.

(6)　本文の内容に合っているものを，次のア～オの中から2つ選びなさい。

ア　Swallows can be seen in Japan all year round if we go to a lake.

イ　Swallows are not smart because they often get lost when they come to Japan.

ウ　Most swallows which come to Japan fly more than 4,000 km in one year.

エ　Ken thinks that swallows use their special abilities when they fly back to Japan.

オ　Ken doesn't want to keep studying about swallows in the future.　　（　　　）（　　　）

実戦 17 随筆文

スキル5 p.18

解答▶p.38

Step A 〉 Step B 〉 Step C

次の英文は，中学生の大樹(Daiki)さんが，父と父の友人の鈴木(Suzuki)さんと３人で，徳島県の剣山(Mt. Tsurugi)へ山登り(hiking)に行ったときのことについて書いたものです。これを読んで(1)〜(5)の問いに答えなさい。

One day my father said, "I'm going to go to Mt. Tsurugi with Mr. Suzuki. He likes hiking, and he says that Mt. Tsurugi in summer is good for people who don't have much experience. We have never been to the mountains. Let's go together." I answered, "Sure, it will be fun."

That morning was beautiful. We had everything necessary for hiking. When we began, Mr. Suzuki
5 said, "Mt. Tsurugi is the highest mountain in Tokushima. When the weather is bad, it's dangerous even in summer. We are lucky. This is the best weather for hiking. Let's go!"

Soon we were in a forest. I was excited to see big trees there. The mountain air was cool and clean. We had a perfect blue sky. We sometimes stopped to look at mountains far away. "Today is going to be a great day," I thought.

10 "I really like walking here," my father said. "It's not very difficult because of the good mountain trail. Also, there are many signs to show us the way to go. We don't have to worry," he continued. "I hear that many people are taking care of this mountain. It helps us a lot," Mr. Suzuki said.

After about two hours, we arrived at the summit. The wonderful view welcomed us there. I was happy. Many people were enjoying the view there, too. We took pictures and then had lunch. After
15 eating it, I put the trash in plastic bags to take it back home. We started to go down.

On the way, I saw a small white stone. I put it on my hand and looked at it. It was beautiful. I said to Mr. Suzuki, "I'm thinking about taking this stone home. It will be a good souvenir." "Sorry, but you can't do it. You can't take things you find on the mountains, such as stones and flowers," he said. "Why? This is just a small stone," I said. "That's right. Even if you take one stone home, it will not be
20 a big change to this mountain. However, more than one hundred thousand people come here every year. If everyone who comes here takes one stone home, it will change the environment," he said. "①I understand. I'm sorry, I didn't think about it. Thank you for teaching me," I answered. "I'm glad to know you understand that. Leave only footprints, take only pictures. People who love mountains often say so," he smiled. I put the stone back to the ground.

25 After we arrived home, my father and I talked about our first hiking experience. "Today I found another good thing about Tokushima. There are many people working for Mt. Tsurugi, so we can enjoy the beautiful nature in its highest mountain," my father said. "I think so, too. Also, today I learned something important." I told him the story about the stone. "It is bad to leave trash in nature. I knew it, but ②that was not enough. I will study more to think about nature carefully," I said. My

30 father smiled and said, "You found something new in Mt. Tsurugi. Our first hiking experience was a great success." When I was walking in the forest on the morning of that day, I thought, "Today is going to be a great day." It became true. That day was really a great day.

〔徳 島〕

注 mountain trail 登山道　sign(s) 標識　summit 頂上　stone 石　souvenir 記念品
　even if ～　たとえ～でも　footprint(s) 足跡　success 成功

(1) 次の①・②の問いに対する答えを，それぞれ（　）に示された語数の英語で書きなさい。ただし，符号は語数に含めない。

　① Was the weather fine on the day of Daiki's first hiking experience?（3語）

　_____

　② What did Daiki do to take the trash back to his home after lunch?（6語）

　_____

(2) 下線部①について，大樹さんが理解したとあるが，それはどのようなことか，最も適するものをア～エから選びなさい。

　ア 整備された登山道や標識のおかげで，初心者でも山登りができるのだということ。

　イ 剣山の小さい白い石は，初めての山登りのよい記念品になるだろうということ。

　ウ 小さな石でも，登山者が1つずつ持ち帰ると環境を変えるかもしれないということ。

　エ 「残していいのは足跡だけ，とっていいのは写真だけ」という言葉があるということ。（　　　）

(3) 下線部②で，大樹さんは，どのようなことでは十分でなかったと言っていますか。日本語で書きなさい。

　（　　　　　　　　　　　　　　　　　　　　　　　　　　　　　　　）

(4) 次の英文は，大樹さんが，外国語指導助手(ALT)のスーザン(Susan)先生と，この体験について話をした対話の一部です。本文の内容に合うように，（　ⓐ　）には6語，（　ⓑ　）には4語の英語を入れて，それぞれの英文を完成させなさい。

　Daiki: When we arrived at the summit, （　ⓐ　）. I was happy then. Many people were excited to see it, too.

　Susan: Nature is great, and it is also important to us.

　Daiki: That's right. Since the trip to Mt. Tsurugi, I've been interested in nature. I'm going to study more because I want to （　ⓑ　）.

　ⓐ _____　　ⓑ _____

(5) 本文の内容と合うものをア～カから2つ選びなさい。

　ア Mr. Suzuki told Daiki to go to the highest mountain in Tokushima together.

　イ Mr. Suzuki talked about his dangerous hiking experiences in high mountains.

　ウ Daiki kept walking to the summit without enjoying the view from Mt. Tsurugi.

　エ Daiki found a small white stone on the way, but he didn't take it back home.

　オ Daiki's father enjoyed the beautiful nature because he took care of the mountain.

　カ Daiki's father was glad because Daiki learned something important in Mt. Tsurugi.

　　　　　　　　　　　　　　　　　　　　　　　　（　　　）（　　　）

実戦 18 説 明 文

スキル6 p.22
解答▶p.40

Step A 〉 Step B 〉 Step C

　以下の文はインターネット上のニュース記事とそれに対するコメントです。英文を読んで以下の問いに答えなさい。

Neil Armstrong,
First Man To Walk On The Moon, Dies

NASA astronaut and Captain of Apollo 11, Neil Armstrong ① (　　　　　) away on August 25, 2012 at the age of 82. He is best ② (　　　　　) as the man who first landed on the moon on July 20, 1969.
5　He was on the moon for about 22 hours. He and another astronaut walked, collected some rocks for experiments, and took pictures on the moon for the first time in our history. His words "That's one small step for a man, one giant leap for mankind" became very famous and stayed forever in the memory of the people who were lucky enough ③ (　　　　　) Armstrong on TV.

Comments　If you want to recommend a comment, click Recommend.　

10　Suzan Ford wrote:
　　I just heard about (A)this. In that one moment in 1969 we were all citizens of the planet Earth. That night in July I felt so proud. We stayed up all night to watch the event together. His job opened so many doors here on Earth. He didn't like to be on TV, but he taught a lot to us. We can only hope to follow the great example that he set. The world has lost a true hero.
15　19:30　August 26, 2012　Recommend (8)

　　David Myers wrote:
　　(B)(do / doing / remember / were / what / you / you) when this was on TV? I do. There was one color TV in our neighborhood. Lots of friends and neighbors came to my friend's living room to watch it. Every kid in the neighborhood was watching it together! And we could all see the
20　real moon through the window while all of this was ④ (　　　　　). Rest in peace, Mr. Armstrong.
　　20:05　August 26, 2012　Recommend (3)

　　John Cage wrote:
　　I am (C)(died / has / hear / of / one / that / the great people / to / very sad). I wasn't even born until 10 years after Neil Armstrong walked on the moon, but I have been so interested
25　in the Apollo Program and its success since I was a kid. He was very intelligent, calm and cool under

heavy pressure. He was my hero.

20:29　August 26, 2012　Recommend (6)

Toshio Yamamoto wrote:

That day, I couldn't stop watching. It was the greatest experience in my life. I am now 54 years old and it seems like only yesterday. I was excited to see the stone he brought back to Earth when I visited the World Expo in Osaka in 1970. There were too many people waiting to see the stone, and some had to leave without seeing it. Truly he was (D)(be / boy / every / little / man / the / to / wanted) at that time.

21:03　August 26, 2012　Recommend (0)　　　　　　　　　　　　　〔同志社高〕

(1)　下線部①〜④に入る動詞を下から選んで, 適切な形にして答えなさい。

　　(happen, know, pass, watch)

　　　　　　　　　　①_____　　②_____　　③_____　　④_____

(2)　下線部(A)this が指す内容を日本語で答えなさい。

　　(　　)

(3)　下線部(B)(C)(D)の語句を下に示した日本語を参考にして並べかえなさい。

　　(B) あなたが何をしていたか覚えていますか。

　　(C) 偉大な人が亡くなったと聞いてとても悲しい。

　　(D) 男の子みんながなりたがった男性

　　(B)_____

　　(C)_____

　　(D)_____

(4)　本文の内容に合うものをすべて選びなさい。

　　ア　It took about a day and a half for the NASA astronauts to collect rocks and take photos on the moon.

　　イ　When Armstrong was on the moon, Suzan Ford didn't go to bed until the next morning.

　　ウ　David Myers was watching TV in his friend's house on July 20, 1969, because there weren't enough color TVs in his neighborhood.

　　エ　John got interested in the Apollo Program because he watched Armstrong on TV.

　　オ　Toshio wasn't able to see the stone from the moon because there were too many people in the World Expo.　　　　　　　　　　　　　　　　　　　　　　　(　　　　　)

(5)　下の問いに対して最も適切な答えを選びなさい。

　　①　Whose comment is the most recommended?

　　　　ア　Suzan Ford　　イ　David Myers　　ウ　John Cage　　エ　Toshio Yamamoto　　(　　　)

　　②　Who is the youngest?

　　　　ア　Suzan Ford　　イ　David Myers　　ウ　John Cage　　エ　Toshio Yamamoto　　(　　　)

実戦 19 会 話 文

スキル7 p.26

解答▶p.41

Step A 〉 Step B 〉 Step C

次の【場面1】と【場面2】の英文を読んで，あとの(1)〜(8)の問いに答えなさい。

【場面1】 *Hiroshi is a Japanese junior high school student. He is talking with Mr. Smith, an ALT at his school.*

Mr. Smith: Hi, Hiroshi. I hear you are going to America next month. Is this your first time?

Hiroshi: Yes. My uncle asked me to visit him this summer. He ① (teach) English in Japan five
5　years ago. Now he teaches at a high school in America.

Mr. Smith: How nice! Have you ever been to a foreign country?

Hiroshi: Yes. I went to Australia when I was ten years old. At that time, I didn't understand
English, but now I am ② (learn) English every day. I want to communicate with people in
America this time. (　③　) I go there, I will meet my uncle's friend, Mr. Davis. He is a famous
10　scientist. I want to talk with him in English.

Mr. Smith: Oh, that's nice. How do you study English every day, Hiroshi?

Hiroshi: Well, I watch an English program on TV and I write a letter in English to my uncle every
week.

Mr. Smith: That's good. It is important to listen to and write English for good communication. I
15　think your English will become better soon.

Hiroshi: Thank you.

Mr. Smith: Enjoy your trip to my country, Hiroshi.

Hiroshi: Thank you, Mr. Smith.

注　uncle　おじ　　communicate with 〜　〜と意思を伝え合う　　communication　意思や気持ちを伝えること

(1)　文中の①，②の（　）の中の語を，それぞれ最も適当な形に直して書きなさい。

①＿＿＿＿＿＿　②＿＿＿＿＿＿

(2)　文中の③の（　）の中に入る最も適当な語を，次のア〜エから1つ選びなさい。

ア How　　イ When　　ウ Where　　エ Who　　　　　　　　　（　　）

(3)　ヒロシ(Hiroshi)はどのようなやり方で英語の勉強をしていますか。2つ日本語で書きなさい。

（　　　　　　　　　　　　　　　　　　　　　　　　　　　　　　　　）
（　　　　　　　　　　　　　　　　　　　　　　　　　　　　　　　　）

(4)　【場面1】の英文の内容に合っているものを，次のア〜オから1つ選びなさい。

ア Hiroshi went to America when he was ten years old.

イ Hiroshi's uncle visited America, but he is living in Japan now.

ウ Hiroshi wants to talk with a famous scientist in Australia.

エ Mr. Smith told Hiroshi about a TV program that Hiroshi should watch.

オ Mr. Smith is from America and he wants Hiroshi to enjoy his trip.　　　　（　　）

【場面２】 *After the trip to America, Hiroshi is talking with Mr. Smith again.*

Hiroshi: Hello, Mr. Smith. How are you today?

Mr. Smith: I am fine, thank you, Hiroshi. （ ④ ）

Hiroshi: Last weekend.

5 **Mr. Smith:** How was your trip?

Hiroshi: It was a wonderful trip. I went to my uncle's school. That was very interesting. He teaches Japanese at his school and gave me a chance to join his class. I was surprised because my uncle and his students were talking with each other in Japanese.

Mr. Smith: You had a good experience. So what did you tell the American students?

10 **Hiroshi:** I told them about Japanese seasons and climate in English. They asked me some questions in English. I could answer them and I was happy. They became interested in me. We became friends and ate lunch together. They were very kind to me.

Mr. Smith: That's wonderful!

Hiroshi: I'll ⑤ (pictures / you / some / show) which I took in the class.

15 **Mr. Smith:** Oh, thank you. Did you enjoy sightseeing, too?

Hiroshi: Yes. I went to many places with Mr. Davis. The best place was the science museum. He explained many things to me. He said, "It is ⑥ (places / favorite / one / my / of) in the city."

Mr. Smith: Hiroshi, you really had a wonderful time in America and your English is better now. If

20 you are not afraid of making mistakes, your English will become much better.

Hiroshi: I understand, Mr. Smith. Thank you for your advice.

〔新 潟〕

注 chance 機会　join ～ ～に参加する　experience 経験　climate 気候　explain ～ ～について説明する
be afraid of ～ ～を恐れる　mistake 間違い　much ずっと　advice アドバイス

(5) 文中の④( )の中に入る最も適当なものを，次のア～エから１つ選びなさい。

　　ア When do you do that?　　イ When did you come back?

　　ウ Where did you go then?　　エ Where do you come from?　　　　　　　　（　　　）

(6) 文中の⑤，⑥の( )の中の語を，それぞれ正しい順序に並べかえて書きなさい。

　　⑤_____

　　⑥_____

(7) ヒロシがおじの授業に参加して驚いた理由を，具体的に日本語で書きなさい。

　　（　　　　　　　　　　　　　　　　　　　　　　　　　　　　　　　　　　　　　）

(8) 【場面２】の英文の内容に合っているものを，次のア～オから１つ選びなさい。

　　ア Hiroshi's uncle teaches at a high school in America and he teaches science there.

　　イ Hiroshi's uncle told his students about Japanese seasons and climate in Japanese.

　　ウ Hiroshi was happy because he could answer questions from the students in English.

　　エ Hiroshi talked about Japanese culture to American students and they liked it.

　　オ Hiroshi and the students went to a science museum together and took pictures.　　　（　　　）

Step A 〉 Step B 〉 Step C

次の英文を読み，あとの設問に答えなさい。

We live in a strange and wonderful universe. Its age, size, violence, and beauty need a great deal of imagination to understand. The place humans hold within this huge *cosmos can seem pretty （　A　）. And so we try to make （　i　） of it all and to see how we fit in. Some decades ago, a well-known scientist (some say it was Bertrand Russell) gave a public lecture on *astronomy. He talked
5　about how the earth goes round the sun and how the sun, in turn, goes round the center of a huge collection of stars called our *galaxy. At the end of the lecture, a little old lady at the back of the room got up and said: "What you have told us is wrong. The world is really a flat plate supported on the back of a giant turtle." The scientist gave a （　B　） smile before replying, "What is the turtle standing on?" "You're very clever, young man, very clever," said the old lady. "But it's turtles all the way down!"

10　Most people nowadays would find (ア) this picture of the universe the old lady talked about rather （　C　）. But why should we think we know better? Forget for a minute what you know — or think you know — about space. Then gaze upward at the night sky. What would you think all those points of light are? Are they tiny fires? It can be hard to imagine what they really are, for what they really are is far beyond our usual experience. If you are a regular stargazer, you have probably seen a light
15　*hovering near the horizon at twilight. It is a planet, *Mercury, but it is nothing like our own planet. A day on Mercury takes two-thirds of the planet's year. Temperatures on Mercury reach over 400 degrees Celsius when the sun is out, then fall to almost −200 degrees Celsius in the dead of night. It is very hard to imagine Mercury. It is even harder to imagine an （　D　） star, which is a huge *furnace that burns billions of pounds of *matter each second and reaches temperatures of tens of
20　millions of degrees at its core.

Another thing that is hard to imagine is how far away the planets and stars really are. A long, long time ago the Chinese built stone towers so they could have a closer （　ii　） at the stars. It's natural to think the stars and planets are much closer than they really are — after all, in everyday life we have no experience of the huge distances of space. Those distances are so large that we do not measure
25　them in feet or miles, the way we measure most lengths. Instead we use the light year, which is the distance light travels in a year. In one second, a beam of light will travel 186,000 miles, so a light-year is a very long distance. The nearest star, other than our sun, is called Proxima Centauri, which is about four light-years away. That is so far that even with the fastest spaceship that designers have on the drawing boards today, a trip to it would take ten thousand years.

30　In the past, people tried hard to understand the universe, but they hadn't yet developed our mathematics and science. Today we have powerful tools: mental tools such as mathematics and the

scientific method, and technological tools like computers and telescopes. With the help of these tools, scientists have collected a lot of knowledge about space. But what do we really know about the universe, and how do we know it? Where did the universe come from? Where is it going? Did the
35 universe have a beginning, and if so, what happened before then? What is the nature of time? Will it ever come to an end? Can we go backward in time? People have long wondered about these questions. (イ)Recent discoveries in physics, made possible by new technology, suggest some answers. Someday these answers may seem as （　E　） to us as the earth going round the sun — or perhaps as （　C　） as the old lady's picture of the universe. Only time (whatever that may be) will （　iii　）.

〔開成高〕

注　cosmos　宇宙　　astronomy　天文学　　galaxy　銀河　　hover　空中に留まる　　Mercury　水星　　furnace　炉
　　matter　物質

(1)　空所（　A　）～（　E　）に入る最も適切な語を次の中から選び，番号で答えなさい。ただし，同じ番号は一度しか使えないものとします。

1. necessary　　2. foolish　　3. obvious　　4. unimportant
5. average　　6. superior　　7. intelligent

　　　　　　　　　　　　A(　　　)　　B(　　　)　　C(　　　)　　D(　　　)　　E(　　　)

(2)　空所（　i　）～（　iii　）に入る最も適切な1語をそれぞれ書きなさい。

　　　　　　　　　　　　　　　　(i)＿＿＿＿＿＿　　(ii)＿＿＿＿＿＿　　(iii)＿＿＿＿＿＿

(3)　下線部(ア)を簡単な図に描いて示しなさい。

(4)　下線部(イ)を和訳しなさい。

　　(　　　　　　　　　　　　　　　　　　　　　　　　　　　　　　　　　　　　)

(5)　次の各文の内容が本文の記述に照らして正しければ○，誤りまたは判定不能であれば×と答えなさい。ただし，全てを○または×と答えてはいけません。

①　The old woman disagrees with "a well-known scientist" about the shape of the world. (　　　)

②　The author tells us in the second paragraph that "a light hovering near the horizon at twilight" is a planet quite similar to the earth. (　　　)

③　The difference in temperature between day and night on Mercury is about 200 degrees Celsius. (　　　)

④　The distances between the planets and stars are not as huge as they appear. (　　　)

⑤　Miles and feet are usually used on the earth when we need to know lengths. (　　　)

⑥　Light travels more than ten million miles a minute. (　　　)

⑦　No other star in the universe is closer to the earth than the sun. (　　　)

⑧　The author tells us how the universe will come to an end. (　　　)

実戦 21 グラフを扱った文

スキル8 p.30

解答 ▶ p.45

Step A 〉 Step B 〉 Step C

次の文章を読んで，あとの各問いに答えなさい。

Over 60% of a human body is made of water. We cannot live without water. We need water for drinking, washing and other everyday activities. *According to *WHO, the *amount of water each person needs in everyday life is about 50 L. Water is one of the most important things in our lives. As we will see here, there are some *issues about water.

5　Japanese people can get safe *tap water at home, but there are a lot of people who cannot get clean and safe （　①　） in the world. One report says that in 2010, about 780 million people, 11.3% of the world's *population, couldn't get safe water *within one kilometer of their own homes.

The *cost of drinking water is another issue. Can you imagine that river water is sometimes （　②　） than tap water? Maybe you can't, but that is true. In one country, people need to get
10　drinking water from rivers. ③The cost of river water is higher because they have to give money to people [from / water / carry / who / rivers]. In such a country which doesn't have *waterworks, the cost of 200 L of water is about 150 yen. But in another country with waterworks, the cost of the same amount of tap water is only 40 yen.

Water *shortage is also an important issue. The *increasing world's population is one of the main
15　reasons for this. Another reason for water shortage is the fast *industrialization of countries. Humans are using water not only for their everyday lives, but also for making *products like cars and computers. People living in some areas of the world can have enough water. However, people living in other areas cannot have enough water. Like this, people in the world cannot have the same amount of water. Look at the map on the next page. 60% of the world's population lives in Asia, but Asia has only
20　36% of water in the world. You can understand Asia has a more *serious situation than Africa or other areas in the world. Then, if you look at the graph on the next page, you will also understand the world will need more water in the future.

Many countries started to get together to talk about various water issues. The first *World Water Forum was held in 1997. We have had the World Water Forum *every three years since then. The
25　third World Water Forum was held in Kyoto in 2003. This was the first World Water Forum held in Asia. And the sixth World Water Forum was held in France in 2012. About 34,000 people from 173 countries came together at this World Water Forum. They talked about various issues and shared ideas about water *policies with each other. ④By doing so, they were able to understand today's water *conditions better.

30　Japan has tried to help other countries by giving information and technology to make water conditions in the world better. For example, *the Tokyo Metropolitan Government has supported many countries. From 2008 to 2012, it invited more than 2,000 professional people from different countries. They learned about the technology to produce better waterworks. They returned to their countries with the new technology, and began using it.

35　　Each one of us can also do something to make the world better. First, we can think about people who cannot drink safe water. Then, we can be more careful about using water. For example, we can save water when we take a bath. Also, we can reuse the bath water for washing clothes. Please think about what else you can do in your everyday life to save and reuse water.

〔東京都立墨田川高〕

Map　世界全体に占める地域別水資源量と人口の割合

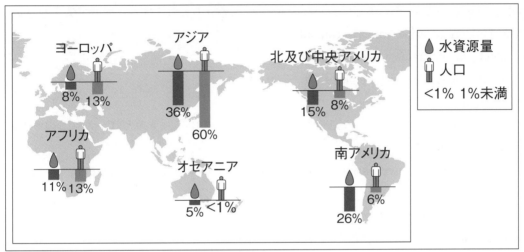

〔国土交通省「日本の水資源　平成16年版」をもとに作成〕

Graph　世界の水需要量の将来見通し

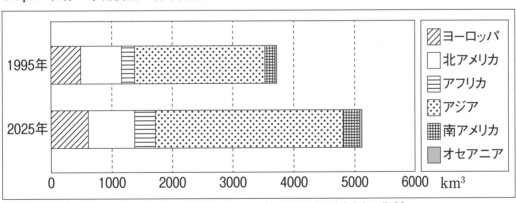

〔*World Water Resources at the Beginning of the 21st Century*（UNESCO, 2003）をもとに作成〕

注　according to 〜　〜によると　　WHO　世界保健機関　　amount　量　　issue　問題点　　tap water　水道水　　population　人口　　within 〜 of …　…から〜以内に　　cost　値段　　waterworks　水道設備　　shortage　不足　　increasing　増大している　　industrialization　工業化　　product　製品　　serious　深刻な　　World Water Forum　世界水フォーラム　　every three years　3年ごとに　　policy　政策　　condition　状況　　the Tokyo Metropolitan Government　東京都

(1) （　①　）に入る最も適切な 1 語を本文中から抜き出しなさい。

(2) 本文の流れに合うように，（　②　）に入る語句として，最も適切なものは，次のうちではどれですか。記号で答えなさい。

　　ア　more useful　　　　イ　much cheaper

　　ウ　more expensive　　エ　more dangerous　　　　　　　　　　　　　　　（　　　）

(3) ③The cost of river water is higher because they have to give money to people [from / water / carry / who / rivers]. について，本文の流れに合うように，[　]内の語を正しく並べかえなさい。

_____

(4) ④By doing so, とあるが，その内容に合わないものは，次のうちどれですか。記号で答えなさい。

　　ア　By making products like cars and computers

　　イ　By talking about various water issues

　　ウ　By sharing ideas about water policies with each other

　　エ　By joining the World Water Forum　　　　　　　　　　　　　　　　（　　　）

(5) 次の文を，本文の内容と合うように完成するには，（　　　）の中に，下のどれを入れるのがよいですか。記号で答えなさい。

　　The Tokyo Metropolitan Government has supported many countries by showing them (　　　).

　　ア　how to hold the World Water Forum in Tokyo

　　イ　Tokyo's technology to produce better waterworks

　　ウ　the situation of water shortage in Tokyo

　　エ　the difference between Kyoto and Tokyo　　　　　　　　　　　　　（　　　）

(6) 本文及び Map, Graph の内容と合っているものは，次のうちではどれですか。記号で答えなさい。

　　ア　According to WHO, each person needs more than 60 L of water in everyday life.

　　イ　According to the graph, in 2025, the world will need less water than in 1995.

　　ウ　According to the map, there are more people in Africa than in Asia.

　　エ　To make the world better, we should use water more carefully in our everyday lives.　（　　　）

実戦 **22** 説 明 文 　　スキル**6** p.22

解答▶p.47

Step A 〉 Step B 〉 Step C

次の英文を読み，以下の問いに答えなさい。

Cow. Chicken. Grass. Which two are in the same group? Your answer depends on where you were born and raised.

For a long time, *research psychologists have had an idea that East Asians and Westerners think about the world in different ways. There was not enough scientific *evidence to support this idea until
5　recently. In the past 15 years, however, researchers have learned a lot about different thinking styles and the cultural differences that produce them.

　The story begins in 1972, when *Liang-Hwang Chiu, a professor of *educational psychology at *Indiana University, tested more than 200 Chinese and 300 American children. He showed some cards to each child. Each card had pictures of three things. One card, for example, showed a cow, a chicken,
10　and grass. Chiu asked the children to say ①which two things were in the same group. Most of the American children picked the chicken and cow. They explained the reason by saying that "both are animals." Most of the Chinese children, however, put the cow and grass together because "cows eat grass."

　People didn't think Chiu's study was very important in the years after its *publication because
15　*psychological scientists at that time paid little attention to cultural differences. In the 1990s, however, *cross-cultural psychology became ②"hot" and Chiu's findings were paid attention to again. ③Researchers at *the University of Michigan did Chiu's study again by testing college students from China, Taiwan, and the United States. Without using pictures, the researchers gave the students with three words — shampoo, hair, and conditioner, for example — and asked them to say which two
20　were in the same group. The Americans were more *likely than the Chinese to say that shampoo and conditioner go together because they're both hair care goods. The Chinese were more likely to say that shampoo and hair go together because "shampoo washes and cleans hair."

　Why do East Asians and Westerners think differently? Most researchers believe the answer can be

found in their cultural backgrounds and *upbringing. ④East Asians are *oriented toward
*interdependence, harmony, and relatedness. Westerners are typically oriented toward independence,
autonomy, and individual achievement. These different social orientations produce different patterns
of *perception and thought — in other words different thinking styles. Interdependent people think
about objects as a part of *contexts that *include relationships, and independent people tend to focus
on groups that are decided by *shared properties such as "*animal-ness."

Can independent people and interdependent people be found within the same country? (⑤)
Researcher *Nicole Knight recently used some different kinds of the "cow, chicken, grass" test to
southern Italians (they are often thought to be interdependent) and northern Italians (they are often
thought to be independent). When they were given three words such as "monkey, panda, and banana,"
northern Italians were more likely to say that monkey and panda are in the same group because they
belong to the same group (animals). Southern Italians, however, were more likely to say that monkey
and banana are in the same group because they have a relationship (monkeys eat bananas).

The "cow, chicken, grass" studies have found just one of many thinking *phenomena that are
different from one cultural background to another.　　　　　　　　　　　　　　　　〔城北高〕

注　research psychologists　研究を専門とする心理学者　　evidence　証拠　　Liang-Hwang Chiu　リアン・ワンチウ(人名)
　　educational psychology　教育心理学　　Indiana University　インディアナ大学　　publication　発表
　　psychological scientists　心理学の科学者　　cross-cultural psychology　異文化間心理学
　　the University of Michigan　ミシガン大学　　be likely to 〜　〜しがちである　　upbringing　育った環境
　　be oriented toward 〜　(考え方などが)〜に方向付けられる　　interdependence　相互依存　　perception　認識
　　context　文脈・状況　　include　〜を含む　　shared properties　共通する特徴　　animal-ness　動物であること
　　Nicole Knight　ニコール・ナイト(人名)　　phenomena　現象

(1)　下線部①について，アメリカ人の子供と中国人の子供はそれぞれどのような理由でどの2つを
　　選びましたか。句読点を含めて60字以内の日本語で説明しなさい。

　　(
　　　)

(2)　下線部②について，hot が本文と同じ意味で使われている文をア〜エから1つ選びなさい。
　　ア　A lot of people go swimming in the sea on a hot day.
　　イ　This tea is too hot for me to drink.
　　ウ　Korean singers are now hot in Japan.
　　エ　Many people buy ice cream when it becomes hot in summer.　　　　　　　　（　　）

(3)　下線部③について，Liang-Hwang Chiu の実験方法と違う点を，句読点を含めて10字以上15字以
　　内の日本語で説明しなさい。
　　(　　　　　　　　　　　　　　　　　　　　　　　　　　　　　　　　　　　　　　　)

(4)　下線部④について，東アジア人と西洋人の典型的な思考をまとめた下の表の（　a　）〜（　e　）
　　に入る適切な日本語をア〜キからそれぞれ1つずつ選び，記号で答えなさい。

East Asians 相互依存 (a) (b)	⟺	Westerners (c) (d) (e)

ア 自立　　　　　イ 協調性
ウ 自主性　　　　エ 個人の達成
オ 他人との関わり　カ 積極性
キ 自己嫌悪

a (　　) 　b (　　) 　c (　　) 　d (　　) 　e (　　)

(5) (　⑤　)に入れるものとして最も適切なものを次のア～エから1つ選びなさい。

ア No one knows. 　　イ Yes, we can.

ウ Of course yes. 　　エ No, they can't. 　　　　　　(　　)

(6) 次のア～オのうち，本文の内容と一致しているものには○，一致していないものには×を書きなさい。

ア 長い間，心理学者は西洋人と東洋人では考え方が違うと考えていたが，その科学的な証拠が見つかっていなかった。 　　　　　　(　　)

イ Liang-Hwang Chiu は500名以上の子供に3つの絵が描いてあるカードを見せてどの2つが仲間かを聞いた。 　　　　　　(　　)

ウ Liang-Hwang Chiu が1972年に実験をしてからの15年間で，人の考え方についてのさまざまなことが分かってきた。 　　　　　　(　　)

エ 西洋式の考え方と東洋式の考え方のどちらを身につけるかは，生まれた時点である程度決まっていると考えられる。 　　　　　　(　　)

オ 文化の違いによる思考の違いのうち，この実験では明らかになっていないものもまだまだ多数存在する。 　　　　　　(　　)

本書に関する最新情報は，当社ホームページにある本書の「サポート情報」
をご覧ください。（開設していない場合もございます。）

中学 ハイクラステスト 英語長文

編著者	中学英語問題研究会	発行所	受験研究社
発行者	岡 本 泰 治		
印刷所	株式会社ユニックス		©株式会社 増進堂・受験研究社

〒550-0013 大阪市西区新町2丁目19番15号
注文・不良品などについて：(06)6532-1581(代表)／本の内容について：(06)6532-1586(編集)

ハイクラステスト
中学 英語長文
解答編

第1章　読解のスキル

1. スラッシュリーディングを 身につける

本冊 ▶ p.2

〔全訳〕 ある日，英語の授業で高夫は国境なき医師団という，いくつかの問題をかかえる国の人々に治療を行っているNGOについての話に感動しました。多くの人々がこのNGOから治療を受けたがっていますが，医師の数が十分ではないことも彼は学びました。だから，もっと多くの医師が必要とされているのです。この授業のあと，高夫は人々の生命を救いたいと思いました。

その夜，高夫はそのことについて父と話をしました。「国境なき医師団のメンバーになるためには，何をすべきですか」と高夫はたずねました。「まず，たくさん勉強して，医師のための大学に入らなければなりません。もう1つの大切なことは，さまざまな国からの人々とコミュニケーションをとる方法を学ぶことです」と父は言いました。高夫は答えがわかったように感じました。彼は家ではもっと一生懸命に勉強し始め，英語の授業では英語をもっと使い始めました。今では，高夫は医学生になったあと，海外へ行くという計画を持っていて，ほかの国の学生たちといっしょに勉強したいと思っています。

練習問題(1)　　解答　　本冊 ▶ p.4～p.5

(1) 寒さに備えてひざ掛けを用意している。
(2) 暖かいジャケットを着る。／暖かい1つの部屋に集まる。／温かい食べ物を楽しむ。／部屋を出入りするとき，ドアをすぐに閉める。
　　（以上から2つを書けばよい）
(3) ウ，エ

解説

(1) 第2段落で寒いと感じた佳恵にウェーターがひざ掛けを提供している。
(2) 第4段落に着目する。
(3) ア　暖房が壊れたという記述はない。
　　イ　第3段落のl.2～l.3に「『ウォームビズ』は二酸化炭素の量を減らすことによって地球温暖化を止めるために行われている」とあり，冬に暖房

を使うことをやめるキャンペーンでないことがわかる。

〔全訳〕 このロゴマークを見てください。あなたはこれが読めますか。それは「ウォームビズ」です。今までにそれを見たことがありますか。今までにそのことについて聞いたことがありますか。今日，私は「ウォームビズ」について話そうと思います。

先日，家族といっしょにあるレストランに行きました。私はレストランに入ったとき，少し寒く感じました。暖房がどこか故障しているのだと思いました。だからウェーターの人になぜ少し寒いのですかとたずねました。彼は「寒いでしょうか。申し訳ありませんが，当レストランは『ウォームビズ』を実施しております。このレストラン内の温度は20度を保っています。ひざ掛けをお持ちしましょうか」と言いました。私はあたりを見回しました。レストランにあるひざ掛けを使って温まろうとしている人たちもいました。私はウェーターの人にひざ掛けをくれるように頼みました。まもなく私の体は温かくなりましたし，おいしい食べ物が私を幸せな気分にしてくれましたが，なぜレストラン内が少し寒いのか私は理解できませんでした。

家に帰ったあと，私はインターネットで「ウォームビズ」という言葉を探しました。それは2005年に始まりました。それは暖房に頼りすぎず，エネルギーを浪費しすぎないで冬の生活を楽しむためのキャンペーンなのです。「ウォームビズ」は，二酸化炭素の量を減らすことによって地球温暖化を止めるために行われているのです。二酸化炭素の量を減らすために，私たちはどんなことをすることができるでしょうか。もし私たちが部屋の温度を変えれば，二酸化炭素の量や冬に使われるエネルギーの量を減らすことができるのです。だからこのキャンペーンが行われていて，私たちはこのロゴマークをいくつかの場所で見ることができるのです。今ではなぜそのレストランの中が少し寒かったのかがわかります。「ウォームビズ」を私たちの家で簡単にすることができると私は思います。

家での「ウォームビズ」のためのアイディアを何かお持ちですか。私はいくつかのアイディアを示すことができます。例えば，寒い部屋では暖かいジャケットを着ることができます。1つの暖かい部屋に集まって，楽しく過ごせます。

私たちは温かい食べ物を楽しめます。部屋を出入りしたらすぐに戸を閉めましょう。

　みなさん，私のアイディアを試してみてはどうですか。今日から私たちが始めることは簡単です。

語句

第2段落 l. 1 enter ～に入る　l. 4 look around 周りを見る　l. 6 body 体
第3段落 l. 2 depend too much on ～ ～に頼りすぎる
l. 2 waste ～を浪費する
第4段落 l. 2 gather 集まる　l. 3 as soon as ～ ～するとすぐに

英文の大きな流れ

第1段落…WARMBIZ に関する佳恵さんのスピーチがスタート

↓

第2段落…家族と WARMBIZ を実施しているレストランに行くものの，その理由に疑問

↓

第3段落…帰宅後，二酸化炭素量の削減による地球温暖化の防止と理解

↓

第4段落…家庭でできる WARMBIZ の具体例

↓

第5段落…WARMBIZ の実施提案

🛡 構文の研究

第2段落 l. 3 ～ l. 4 The temperature in this restaurant keeps 20 ℃.
keep は目的語や形容詞の補語を取るだけでなく，目的語のあとにさらに補語を取ることもあります。次の例文でそれぞれ確認しましょう。
I keep a dog. 「私はイヌを1匹飼っています」
She kept silent at that time.「彼女はそのとき黙ったままでいました」
Keep your room clean. 「部屋をきれいにしておきなさい」
第5段落 l. 1 how about trying my ideas?
how about で始まる英文は主語や動詞を含まない表現です。Yes の答えを期待する「提案や勧誘」を

意味するときは，疑問文でも any を使いません。
How about swimming here?「ここで泳ぎましょうか」
How about some apples?「りんごはどうですか」

2. 修飾語句をつかむ　　本冊 ▶ p.6

〔全訳〕　お母さん，お父さんへ
　私は学校で歌舞伎について学びました。それは，400年以上前に始まり，興味深い歴史を持っています。歌舞伎は男の人たちだけによって演じられます。昨日，私はヒデオと歌舞伎の芝居を観に劇場に行きました。俳優たちが言っていることはわかりませんでしたが，ヒデオの助けで，話の筋についていけました。俳優たちの顔には化粧がされていました。私は彼らの顔をはっきりと見ることができました。とてもわくわくしました。

　私がそれを見ているあいだ，観客たちの中にときどき日本語で何かを叫ぶ人たちがいました。それはしてはいけないことだと思いましたが，誰もその人たちのことで腹を立てていない様子で，その理由がわかりませんでした。あとになって，私はヒデオにそのことについてたずねました。あの人たちは，俳優たちを励ますために叫んでいるのだと，彼は言いました。俳優たちは，そのことで活力を得ており，彼らもそれを好んでいるのです。それはすばらしいことだと思いました。お父さんとお母さんにも，いつか歌舞伎を楽しんでほしいと思います。

　来月，市の劇場で開かれる歌舞伎講座にヒデオと行くつもりです。それを楽しみに待っています。歌舞伎俳優のように私の顔にも化粧をしたいです。歌舞伎の踊りにも興味があります。講座を楽しみたいと思っています。またすぐにメールを書くつもりです。

練習問題 (2)　　解答　　本冊 ▶ p.8～p.9

(1)　イ
(2)　ロンドンでは7月の夜9時でも外が暗くないこと。(23字)
(3)　ア
(4)　イ→エ→ア→ウ
(5)　エ
(6)　① eyes
　　② by experiencing[seeing] something

解説

(1) 直前の接続詞の so は，前に原因が，後ろに結果が

続く。
(2) レストランを出てからの発見なので，直後にある福島とロンドンでの比較をまとめる。
(3) 第4段落の l. 4 〜 l. 5 を参照。
(4) ア 第4段落の l. 1 を参照。
　　イ 第2段落の l. 2 〜 l. 3 を参照。
　　ウ 第4段落の l. 2 〜 l. 6 を参照。
　　エ 第3段落の l. 1 〜 l. 4 を参照。
(5) ア 博人が旅行前の情報検索ができなかったという記述はない。
　　イ 博人が外国人に料理についてたずねたという記述はない。
　　ウ 博人がクラスメートに話しかけに行ったという記述はない。
(6) ① 「直接に」を「自分自身の目で」と言いかえた表現を入れる。
　　② 第5段落の l. 2 〜 l. 3 を参照。

〔全訳〕 みなさんは自分が直接経験したことのないことについて知っているとしばしば思いますか。私は今日，このことについて話したいと思います。

　私は家族といっしょにこの夏休みの間にロンドンに行きました。これは外国への私の初めての旅行だったので，私はそれを楽しみにしていました。私はロンドンについて知りたかったので，インターネットでそれについての情報を検索しました。私は旅行前にインターネットでたくさんの有名なものを見ることができました。

　ロンドンでは，私たちはいくつかの人気のある場所，例えば，バッキンガム宮殿やタワーブリッジに行きました。私はすでにそれらをインターネットで見ていましたが，私が直接それらを見たとき，それらは私にとってより大きくより美しく見えました。私は感動しました！　私があたりを歩いたとき，私はさまざまな国からのたくさんの人々も見ました。それから，私たちはその土地の料理を食べるためにレストランに行きました。それらは私にとっては真新しいものでしたが，私はそれらを楽しみました。私たちが夕食を終えて，夜の9時頃にそのレストランを出たとき，私は1つの不思議なことを発見しました。外が暗くなかったのです！　私はとても驚きました。福島では，7月の9時は暗いですがロンドンでは暗くないのです。これは私にとって最も興味深いことでした。新しいことを発見できたので，私はこの旅行をとても楽しみました。

　夏休みのあと，私は英語の授業でロンドンへの旅行についてクラスメートたちに話しました。彼らの多くは私の話

を気に入ってくれて，私はうれしかったです。放課後，クラスメートの1人が私のところにやって来て「私は本当にあなたの話を楽しみました。私はハリー・ポッターが大好きで，ロンドンにとても興味があります。あなたの旅行について私にもっと話してくれませんか」と言いました。実際のところ，彼女が私に話をしに来たとき，私は驚きました。それ以前は，私たちは話したことがなく，私は彼女が外国に興味がないと思っていました。しかしそれは正しくはありませんでした。彼女はロンドンについてたくさん知っていました。私たちは私の旅行やハリー・ポッターについて話しました。私たちが話しているとき，彼女は私に「海外を旅行することは勉強するのによい方法ですが，私は一度も外国へ行ったことがありません。私はあなたと話してうれしかったです」と言いました。私はその日，彼女について新しいことを発見しました。

　みなさんはテレビやインターネットでたくさんのことについて情報を得ることができ，みなさんの周りの人々と話す前に，彼らについて知っているとしばしば考えます。しかし直接に何かを経験すると，みなさんは新しいことを発見することができます。私はこの考えを覚えておいて，将来たくさんのことを経験したいです。

語句

第2段落 l. 2 look forward to 〜 〜を楽しみに待つ
第3段落 l. 2 〜 l. 3 be moved 感動する
第4段落 l. 7 discover 〜を発見する

英文の大きな流れ

第1段落…スピーチのテーマ（未経験のことを知っていると思い込んでいる）
↓
第2段落…家族とのロンドン旅行前に情報を収集
↓
第3段落…新しいことの発見で旅行を満喫
↓
第4段落…英語の授業でロンドン旅行について発表。話したことのないクラスメートと話し，その子の新しい面を発見
↓
第5段落…直接経験することで新しいことの発見が可能に

第3段落 l. 2 they looked bigger and more beautiful to me when I saw them directly

比較級の中には than 以下を省略する場合があるので，何が省略されているかを考えるようにしましょう。

They looked bigger and more beautiful to me when I saw them directly <u>than they did when I saw them on the Internet</u>.（インターネットで見たときと直接見たときの様子を比較している）

第3段落 l. 6 it is dark at nine in July, but it is not in London

but は前後の文をつなぐ逆接の接続詞で，後ろに続く内容が，前の内容と反対になります。また，but it is not の後ろには重複を避けるために dark at nine in July が省略されています。

It is dark at nine in July, but it is not <u>dark at nine in July</u> in London.

省略されている語句を補って考えるようにしましょう。

3. 代名詞をつかむ
本冊 ▶ p.10

〔全訳〕 この夏友人たちと私は，私の小さな町の3日間のイベントに行きました。それは大学生たちによって中学生たちのために計画されました。ほかの町からも多くの中学生たちが参加しました。大学生たちは私たちの勉強を手助けしてくれました。私たちは彼らとサッカーや野球もしました。これらの活動を通して，私たちは多くの新しい友達を作りました。

　町の人たちはイベントの手助けをしてくれました。彼らは活動のための場所を提供してくれました。彼らはまた私たちと大学生たちのために食事も作ってくれました。年配の人たちの中には町の歴史について語ってくれた人もいました。それはとても興味深かったのです。それらの3日間，町の人々はとてもうれしそうでした。

　このイベントは私たちが新しく友達を作ったり，年配の人たちから多くのことを学んだりするよい機会でした。このイベントが来年も再び行われることを私は希望します。

　大学生たちのおかげで，私はこの夏楽しい時を過ごしました。私は将来町のためにイベントを計画したいと思います。それが私の夢です。

(1) ① been　② began
(2) ① Naoto's road bike.[He used Naoto's.]
　　② (They rested) Twice[Two times].
(3) エ
(4) 山を登って大丈夫ですから，全然休憩は必要ないでしょう。
(5) 何回もやってみなさい。そうすれば私たちは上手にそれをすることができます。
(6) ア，ウ

解説

(1) ① 過去分詞　② 過去形
(2) ①「浩は土曜日に誰のロードバイクを使いましたか」　第2段落 l. 5〜l. 6を参照。
　　②「浩と直人は湖に着く前に何回休憩しましたか」第3段落 l. 2と第4段落 l. 5を参照。
(3) 1回目の休憩のあとに山を登ることから判断する。
(4) 第3段落 l. 5を参照。
(5) 第5段落 l. 3で「私たちは何をすべきか」と直人は質問して，浩は第5段落 l. 5で答えている。
(6) イ　浩が転んだのは湖に到着したときではない。
　　エ　「浩がとても疲れて直人の言うことを聞けなかった」という記述はない。
　　オ　「浩は再びサイクリングに行きたくなかったので，直人にいっしょに家に戻るように頼んだ」という記述はない。

〔全訳〕　直人は高校生で私の家の近くに住んでいます。私は彼が好きで，彼を直さんと呼びます。彼はロードバイクとサイクリングが大好きです。

　この前の9月のある日，私は直さんにいっしょにサイクリングに行くように頼みました。彼はほほえんで「いいよ。次の土曜日，ぼくは自転車で山の中の湖に行くつもりなんだ。それはとても美しい場所だよ。君は以前にそこへ行ったことがある？」と言いました。「いいえ」と私は答えました。「じゃあぼくといっしょに行ったほうがいいよ。君はロードバイクを持っているの？」「いいえ，直さん。ぼくの自転車はロードバイクじゃないんです」彼は「ぼくは父のロードバイクを使うつもりなので，君はぼくのものを使っていいよ。いっしょにサイクリングを楽しもう」と言いました。

　土曜日がやって来ました。「浩，最初にぼくたちは町を通って行くよ。出発しよう」直さんと私は私たちの旅を開始しました。およそ1時間後，私たちは町を出て，最初の休憩を

とりました。私は「あなたのロードバイクはとてもいいです
ね。あなたの自転車に乗ると速く行けます。あまりきつく
ありません」と言いました。彼は「それはよかった。町を通っ
て行くことは簡単だったけど，今から山を登るのはもっと
大変だよ。ぼくたちは湖に着くまでに2回か3回の休憩を
とったほうがいいね」と答えました。私は「山を登るときも
私は大丈夫ですから，全然休憩は必要ないですよ」と言いま
した。

　直さんと私は山を登り始めました。彼といっしょのサイ
クリングがよりきつくなり始めました。私は実は休憩した
かったのですが，私はそれを直さんに言えませんでした。
だから私たちは止まりませんでした。およそ2時間後，私
たちはついに湖を見ることができました。彼は「ぼくたちは
すぐに湖に着くよ」と言いました。私はとても疲れていたの
で，突然足が動かなくなり，私は転びました。「大丈夫かい？」
と直さんがたずねました。「はい，でもあなたのロードバイ
クに大きな傷をつけてしまいました。ごめんなさい，直さん」
「そんなことは心配しないで」それから私たちは長い休憩を
とりました。その後，私たちは自転車を押して湖まで歩き
ました。

　直さんと私が湖まで来たとき，私はとても疲れて何も言
えませんでした。彼は話し始めました。「君はとてもよくやっ
たよ」「いいえ，やりませんでした」「ぼくの言うことを聞
いて，浩。何かを始めるとき，ぼくたちは最初それを上手
にできないことがあるんだ。そんなときはどうすればいい
かな？」私は何も言いませんでした。私は彼のロードバイク
を見ているだけでした。大きな新しい傷の周りにたくさん
の古い傷がありました。それらは一度に全部できたわけで
はありませんでした。「わかりました！」その傷が私に答え
を教えてくれました。「何回もやってみる。そうすればそれ
を上手にできます！」「その通りだね」と直さんがほほえん
で言いました。「またいっしょにサイクリングに行っていい
ですか」と私はたずねました。「もちろん。さあ家に帰ろう」

　私たちは澄んだ青空の下，家に帰り始めました。

第3段落 l. 4 go up ～ ～を登る　l. 4 get to ～ ～に到
着する
第4段落 l. 5 worry about ～ ～を心配する
第5段落 l. 4 at one time 一度に

英文の大きな流れ

第1段落…サイクリング好きの高校生直人

↓

第2段落…直人のロードバイクを借りて浩は直人と山にある湖にサイクリングに行くことが決定

↓

第3段落…山登りを前に1度目の休憩

↓

第4段落…2時間走ったあと，浩は転倒し直人の自転車を損傷

↓

第5・6段落…湖に到着したあと，直人は何度も挑戦することをアドバイスし，帰途につく

構文の研究

第3段落 l. 4 ～ l. 5 We should take two or three
rests before getting to the lake.
before には名詞が後続する前置詞と，文が後続す
る接続詞があります。下線部を接続詞を使って言
いかえると，before we get to the lake となりま
す。
第5段落 l. 4 They were not all made at one time.
not と all が同時に使われると，「全部ない」ではな
く「全部というわけではない」という意味になるの
で注意が必要です。
I don't know all of them.「私は彼らの全部を知っ
ているわけではありません」

4. メール・手紙文の読み方

本冊 ▶ p.14

〔全訳〕　　　　　　　　　　　　　　2015年9月20日
親愛なるブラウン先生へ
　お元気ですか。私は元気です。
　私は2週間ロンドンにいます。ロンドンでの滞在を楽し
んでいます。ホストファミリーの家の近くに，ハイドパー
クと呼ばれる大きな公園があります。私はよくそこへ行き
ます。公園には美しい花があります。私はそれらを見ると
うれしくなります。公園には，ランニングを楽しんでいる
人もいれば，読書を楽しんでいる人もいます。私のホスト
ファミリーはイヌを飼っていて，私はときどきそれを公園
に連れて行きます。その公園は人にとっても，イヌにとっ
てもすてきなところです。公園には，スピーカーズコーナー
と呼ばれる興味深い場所があります。その場所では，人々
は自分の好きなどんなことについてもスピーチをすること

ができます。自分の趣味について話す人もいます。自分の日常生活について話す人もいます。私はそこで人々のスピーチを聞くのが好きです。

　ロンドンでは私はいつもすばらしいことを発見します。次の手紙でロンドンについてもっとたくさんのことを書くつもりです。

　それではまた！

かしこ，
久美より

練習問題（4）　解答　本冊 ▶ p.16〜p.17

(1)　トンガ出身の多くの学生たちが，日本の大学で勉強していること。
(2)　エディのEメール：日本でそろばんを学んだあとに，トンガの数学教育のために懸命に働いた。
　　　大輝のEメール：日本の学生たちにラグビーを教えて，日本のチームをより強くした。
(3)　meet[see]
(4)　イ，エ

【解説】
(1) 直前の文にあるエディの先生の発言を指す。
(2) エディのEメールのl. 4〜l. 5を参照。大輝のEメールのl. 4〜l. 5を参照。
(3) 直前の文の内容，すなわち，他の国々について，本やテレビやインターネットで学ぶことができる（＝現地に行かなくても学ぶことができる）という内容と対比させて考えるとよい。（　）を含む文が逆接の接続詞 But で始まっていることにも注目する。
(4) ア　エディのEメールのl. 3で，「そろばんを習ったとき，初めて日本について聞きました」と書いているので矛盾する。
　　ウ　エディの将来の夢は外交官になることであって，数学の教師になることではない。
　　オ　エディはラグビーに関することは何も書いていない。
　　カ　日本の学校におけるそろばん教育の記述はない。

〔全訳〕

親愛なる大輝へ，
はじめまして！　私は学校で日本語を勉強していて，日本についてもっと学びたいと思っています。

私はそろばんを習ったとき，初めて日本について聞きました。30年以上前，トンガの国王がトンガの数学教育をよりよくするために，そろばんを日本から初めて持ってきました。彼は2人の学生を日本に派遣しました。日本でそろばんを学んだあと，彼らは帰国して，トンガの数学教育のために熱心に働きました。

今日そろばんはトンガでは教育の重要な部分で，多くの若い人たちが日本に興味を持っています。ある日，私の先生が私たちに「トンガ出身の多くの学生たちが日本の大学で勉強しています」と言いました。そのことを聞いたとき，私は驚きました。私もまた日本の大学で勉強したいのです。私の夢は外交官になって，トンガとほかの国々との友好のために働くことです。

私はあなたに会えるのを楽しみにしています。
エディより

親愛なるエディへ，
こんにちは。私は家族といっしょにあなたのEメールを読みました。

そろばんがトンガで教えられていることを知って興味深いです。私の父が「私はトンガの国王によって日本に派遣された2人の学生について聞いたことがある。彼らはすばらしいラグビー選手だった。彼らは日本の学生たちにラグビーを教え，日本のラグビーチームをより強くした。それ以来，有名な日本のチームでプレーしているトンガ出身のラグビー選手もいる」と言いました。

トンガは日本から遠いです。2つの国がお互いをよく知らなかったと私は思います。そんな時に，あなたがEメールに書いた2人の学生たちは，それぞれの国のために偉大なことをしました。その2人の学生たちについて聞いたあと，私は日本とほかの国々の友好のために働きたいと思っています。そうするために，私は外国で勉強したいのです。

今日では，私たちはほかの国々について，本やテレビや，インターネットを通して学ぶことができます。しかし2人の学生たちの例から，私はほかの国に行ってそこで人々と会い，彼らと話をすることが重要であると思います。

あなたが日本で楽しい時を過ごすことを願っています。
大輝より

（エディのEメール）l. 3 over 30 years ago 30年以上前　l. 6 part 部分

（大輝のEメール）l. 5 team チーム　l. 7 each other お互い　l. 11 example 例

英文の大きな流れ

（エディのEメール）

| ・ エディが現状と日本への興味を報告 |

↓

| ・ トンガと日本のかかわりは，30年以上前の数学教育改革が始まり |

↓

| ・ トンガでのそろばん普及と日本で学ぶ大学生の増加 |

↓

| ・ 外交官になってトンガと他国との友好に尽力するのが夢 |

（大輝のEメール）

| ・ 30年以上前にトンガから派遣された2名の学生が日本のラグビーチームに貢献 |

↓

| ・ トンガの学生の活躍を知り，大輝も留学を希望 |

↓

| ・ 本やテレビやインターネットで他国を知るのではなく，そこの人々に会って話すことが重要 |

🛡 構文の研究

（大輝のEメール）l. 3 ～ l. 4 I've heard about these two students sent to Japan by the king of Tonga.

過去分詞には形容詞のように名詞を修飾する働きがあります。

a broken window「割れた［割られた］窓」（broken が window を修飾）

ただし，過去分詞の後ろに語句（副詞句）が続くときは，名詞の後ろに置きます。

The window broken by Ken will be fixed tomorrow.「ケンによって割られた窓は，明日修理されるでしょう」

（大輝のEメール）l. 7 ～ l. 8 the two students you wrote about in your e-mail did a great thing for each country

次の例のように，語順を変えると「～する（名詞）」という意味のひとまとまりの語句になります。

He met the girl. → the girl he met「彼が会ったその少女」

He talks about the dog. → the dog he talks about「彼が話すそのイヌ」

この語句は名詞の働きをし，文の主語，目的語，補語などの位置に置くことができます。

The girl he met is tall.「彼が会ったその少女は背が高いです」

I like the girl he met.「私は彼が会ったその少女が好きです」

My sister is the girl he met.「私の妹は彼が会ったその少女です」

5. スピーチ・随筆文・物語文の読み方

本冊　▶ p.18

〔全訳〕 みなさん，こんにちは。この前の日曜日に私はサユリといっしょに，伝統工芸展を訪れるためにサクラ公園に行きました。そこで楽しい時を過ごしました。私たちは，いくつかの日本の工芸を試してみることができました。私たちは，陶芸や竹細工や東京手描友禅を楽しみました。最も印象的な工芸は，東京手描友禅でした。1人の職人さんが日本の着物の上に，花を描いていました。彼はとても注意深く小さな花を描きました。それらはとても美しかったです。彼は私たちに工芸の歴史と，日本の着物の上に小さな花を描く方法について話してくれました。私は将来日本の着物をデザインしたいので，東京手描友禅についてもっと学びたいと思っています。来月その職人さんを訪ねるつもりです。私は現在，日本の伝統文化について以前よりもっと興味を持っています。

練習問題(5) 　解答　本冊 ▶ p.20 ～ p.21

(1)　イ

(2)　ウ

(3)　約30キロメートル離れたところから鈴木夫妻の家まで歩いて戻ってきたこと

(4)　イ

(5)　① over　② sad　③ later
　　④ example

(1) 英文は「みんなでサムを探したが，見つからなかった」という意味。サムがいなくなったことを述べた文の直後イが適する。

(2) 直前に夫妻が75歳を超え，毎日の散歩や多くの場所に連れて行くことが困難と書かれているので，「高齢に伴いサムの世話ができない」という内容のウを選ぶ。

(3) 直前の文に really amazing「実に驚くべきこと」の内容が述べられている。

(4) ア 第1段落に「子供が大学を卒業して家を出てからサムと暮らし始めた」とあるので誤り。

　　ウ 第2段落に「30キロ離れたところに住む友人にサムを引き渡した」とあり，また第3段落でその友人の代名詞に He を用いているので，友人は男性とわかる。したがって誤り。

　　エ 鈴木夫妻の子供たちとの再同居の記述はない。

(5) ① more than「～以上」の言いかえ。

　　② 第2段落の l. 4 を参照。

　　③ 第3段落の l. 1 と第4段落の l. 1 ～ l. 2 に着目する。

　　④ 第5段落で夫妻は，サムの行動によって鳥やサケの生態を思い浮かべているので，「例えば」を意味する for example が適する。

〔全訳〕 鈴木夫妻はイヌを飼っていて，彼の名前はサムでした。彼らは子供たちが大学を卒業して家を出たあと，サムといっしょに暮らし始めました。彼らは自分たちのイヌをとても愛し，彼といっしょに楽しい時を過ごしました。ほとんど毎週末に，彼らはサムを山や川や公園のような多くの場所に連れて行きました。サムは彼らといっしょに出かけることを本当に楽しみました。

　しかし10年後，彼らはおよそ30キロ離れたところに住んでいる彼らの友人にサムをあげることを決心しました。鈴木夫妻は75歳以上になり，彼らがサムを毎日散歩に連れて行ったり，多くの場所に連れて行ったりするのが困難になりました。彼らは「自分たちは年をとりすぎているので，サムの世話をできない」と考えました。もちろん，彼らがサムにさよならを言うことは容易ではありませんでした。まもなく友人が彼らの家にやって来て，サムを自分の家に連れて行きました。鈴木夫妻はとても悲しく感じました。

　3週間後，鈴木夫妻は友人から電話を受けました。彼はサムが家を出て戻ってこないと言いました。彼らはみんなサムを探しましたが，彼を見つけられませんでした。彼らは本当にそのイヌのことが心配でした。

　それから1週間後，鈴木氏が彼の部屋にいるとき，彼の家の近くに住んでいる1人の女性が突然彼の家にやって来て「家から出て来てください，鈴木さん。あなたのイヌよ！」と叫びました。彼は家から歩き出て驚きました。彼は家の外にサムがいるのを見たのでした。鈴木氏はとてもうれしくて，それが信じられませんでした。サムは鈴木氏を見つけると，彼の腕の中に飛び込みました。たぶんサムは鈴木夫妻の家で彼らといっしょに暮らしたかったのです。およそ30キロを歩いたあと，彼は鈴木夫妻の家に戻ってきたのです。

　それは実に驚くべきことでした。鈴木夫妻は，鳥の中には毎年同じ場所に飛んで戻ってくるものがいたり，サケが何年か海で泳いだあとで同じ川に戻ってきたりすることを知っていました。しかし彼らはサムがどのようにそれをやったのかがわかりませんでした。たぶん彼は自分のすばらしい嗅覚を使ったのでしょう。たぶん彼は山や川や公園や高い建物を覚えていたのでしょう。

　彼らは長い期間のあとで再会したとき，お互いに会えてとても幸せでした。鈴木夫妻はサムが自分たちの家で暮らすことが本当に好きなのだとわかりました。彼らは自分たちのイヌを決してほかの人に渡さないと思いました。彼らは再びサムといっしょに暮らすことを決心しました。

語句

第1段落 l. 1 begin to live with ～ ～と同居し始める
l. 2 almost ほとんど　l. 3 many places like mountains, rivers and parks 山，川そして公園のようなたくさんの場所
第2段落 l. 1 decide to give ～ ～を与えることを決心する
第6段落 l. 1 each other お互い

英文の大きな流れ

第1段落…鈴木夫妻とイヌのサムについて

↓

第2段落…サムとの別れ

↓

第3・4段落…サムが引き取り先を出て，鈴木夫妻の元へ

↓

第5段落…サムが無事に戻れた理由

第6段落…サムとの再会で鈴木夫妻は再び同居を決意

🔍 構文の研究

第 5 段 落 l.1 Mr. and Mrs. Suzuki <u>knew</u> that some birds <u>fly</u> back to the same place every year

中心の動詞である knew が過去形であるにもかかわらず，接続詞 that 以降の動詞である fly が，現在形であることに注目します。これは時制の一致の例外で，「一般的事実や不変の真理」を伝えるときは，現在形で表します。

第6段落 l.1 they were so happy to see each other

不定詞の副詞用法は目的を表して「～するために」という意味になるだけでなく，感情の原因を表して「～して」という意味になることがあります。この用法では，不定詞の前に「喜怒哀楽」を表す形容詞が置かれます。

I was sad <u>to hear</u> the news. 「私はその知らせを<u>聞いて</u>悲しかったです」

He will be excited <u>to watch</u> the game. 「彼はその試合を<u>見て</u>わくわくするでしょう」

6. 説明文の読み方   本冊 ▶ p.22

〔全訳〕 2014年10月，3 人の科学者たちがノーベル物理学賞を受けました。赤崎勇，天野浩，中村修二という科学者が，青色発光ダイオードを作ったことに対してその賞を受けました。

　青色発光ダイオードは革命的でした。赤色と緑色の発光ダイオードは，すでにおよそ50年前に作られていましたが，青色のものを作ることはとても難しかったのです。環境にやさしい白色発光ダイオードの光を作るには，これらの3色を必要とするので，青色発光ダイオードは重要でした。多くの科学者たちが青色発光ダイオードを作ろうと試みましたが，彼らは作れませんでした。その後，約20年前にその3人の科学者たちが懸命に研究をして，ある方法を発見したのでした。

　今では発光ダイオードは照明やコンピュータやテレビのために日常生活でずいぶん使われています。私たちは LED 照明をより少ない電気でより長く使うことができるのです。世界中の電気の約20～30パーセントが照明に使われていま

す。もし私たちが全ての照明用に発光ダイオードの光を使えば，私たちはたくさんの電気を節約することができます。（3人の）科学者の1人である中村氏は，LED 照明が地球温暖化を減らすと期待していると言いました。発光ダイオードは地球を救うかもしれません。

練習問題 (6)　　解答　　本冊 ▶ p.24～p.25

(1)　子供たちは毎日約400回笑うが，大人たちは毎日約15回しか笑わないこと。
(2)　イ
(3)　イ
(4)　ウ
(5)　非常に困難な状況にあるとき，日本の選手たちはほほえんでいたこと。
(6)　① Yes, they do.
　　② Because his doctor didn't know how to cure him.
　　③ They smiled at each other.
(7)　エ

解説

(1) shows の直後にある that 以下をまとめればよい。
(2)「医師や科学者たちはそれを示してきました」の「それ」にあたる内容は直前に述べられている。イが文脈に合う。
(3) 直前に，彼が笑うことで，睡眠が可能となり，病状が改善し，仕事に復帰できたとあるので，イの「笑うことは彼にとってとてもよかったのです」を選ぶ。
(4) 直後の第5段落の l.4～l.6 を参照する。
(5) 直前で述べられている「とても困難な状況にあった」と直後の「その状況においてほほえんでいた」をまとめればよい。なお，この2つの情報からアメリカの選手たちが「困難な状況でないにもかかわらず，ほほえんでいなかった」ことが読み取れる。
(6) ① 第1段落の最終文を参照。
　　② 第2段落の l.3 を参照。
　　③ 第8段落の l.5～l.6 を参照。
(7) ア　アメリカの男性は病院のどこで笑ったらよいかを知りたがっていたという記述はない。
　　イ　およそ600億の善玉細胞が毎日私たちの体内で生まれるという記述はない。
　　ウ　私たちの体内にあるたくさんの善玉細胞は睡眠中に常により強くなるという記述はない。
　　オ　ほほえむことは体だけでなく心にとってもよいので矛盾する。

〔全訳〕 今日，あなたはほほえみましたか，あるいは笑いましたか。あなたはよく家族や友人たちやあなたの周りの人々にほほえみかけていますか。1つの興味深い調査が，子供たちは毎日約400回笑うのに，大人たちは毎日約15回しか笑わないことを明らかにしています。あなたはどうですか。もしあなたがふだんあまりほほえんだり，笑ったりしなければ，これを覚えておいてください。ほほえんだり笑ったりすることはすばらしい力を持っているのです。

　笑うことの力についてのすばらしい話があります。50年ほど前，アメリカに住むある男性がとても重い病気になりました。彼は病院のベッドで動けませんでした。彼は病気がひどすぎて，眠ることが困難でした。彼の医者は彼をどのように治したらよいのかわかりませんでした。だから彼は自分でそれをすることを決心したのです。

　病院で彼はある本を読みました。それは私たちの考え方と体についてでした。そのとき彼は「もし私が幸せだと感じたら，自分自身を治すことができるのだ」と思いました。だから彼は毎日いくつかのことをする決心をしました。それらの1つが笑うことでした。彼はこっけいな話を読み，こっけいな映画を観ました。笑ったあと，彼は眠れました。彼は体調がよくなりました。数か月後に，彼はベッドから出て再び働き始めました。笑うことは彼にとってとてもよかったのです。そして数年後には，彼はアメリカの最も有名な大学の1つで働き始めました。彼はそこで笑うことの力を教えました。

　ほほえんだり笑ったりすることは私たちの体にとってよいのです。医者たちや科学者たちがそれを示してきました。では私たちがほほえんだり笑ったりするとき，何が体の中で起こっているのでしょうか。

　私たちの体は約60兆の細胞でできています。私たちの体の中では，毎日約3,000の悪玉細胞が生まれますが，私たちが体内にいつも持っている50億の善玉細胞がその悪玉細胞を破壊します。私たちが笑うときに善玉細胞が活発になることを，1つの実験が明らかにしています。その実験は日本の2人の医師によって1992年に行われました。彼らは19人に劇場で3時間とてもおもしろいショーを観るように依頼しました。ショーの前と後で，医師たちはそれぞれの人の善玉細胞がどのように活発になっているかを調べました。そして彼らは，ショーの後の方が善玉細胞はより活発になっていることを見つけました。

　医師の1人が「笑いましょう！　でも笑えなかったらただほほえみましょう。ほほえむこともあなたの体の中の善玉細胞にとってよいのです」と言いました。

　ほほえむことは私たちの心にとってもよいのです。困難な状況にあるとき，私たちはたいていほほえむことができません。しかしほほえむことはその状況においてとても重要なのです。スポーツの世界でいくつかのよい例があります。

　2011年，日本の女子サッカーチームはアメリカと重要な試合をしました。その試合を観ている多くの人たちは「アメリカのチームは日本のチームより強い」と思っていました。実際，アメリカのチームはとても強かったのです。しかし日本の選手たちはあきらめませんでした。そして彼女らがとても困難な状況にあったとき，アメリカの選手たちとは異なって見えました。彼女らはその状況でほほえんでいました。ほほえむことは彼女らにとってとても重要だったのです。とうとう彼女らはその試合に勝ちました。試合のあと，2つのチームの選手たちの何人かがお互いにほほえみ合いました。

　あなたは毎日ほほえんでいますか。ほほえむことは私たちの人生においては小さなことです。しかし時にはそれがとても重要なのです。それはあなたを変える力を持っています。それはまたあなたの周りの人々を変える力も持っています。だから，ほほえみましょう。

語句

第1段落 l. 3 a lot たくさん　l. 4 wonderful すばらしい
第2段落 l. 3 by oneself 自分で
第3段落 l. 1 our way of thinking 私たちの考え方
第5段落 l. 1 be born 生まれる
第8段落 l. 2 actually 実際　l. 5 finally ついに
第9段落 l. 2 change ～を変える

英文の大きな流れ

第1段落…1日に笑う回数は子供が約400回で，大人は約15回

↓

第2段落…笑いの力に関する約50年前の入院男性の話

↓

第3段落…その男性が毎日笑うことで社会復帰を実現

↓

第4段落…ほほえんだり笑ったりするときに体内で何が起こっているか

↓

第5段落…60兆の細胞からなる人体の中で，日々生まれる約3,000の悪玉細胞を50億の善玉細胞が破壊する。その作用は笑いによって促進されると実験で判明

↓

第6段落…医師の1人が笑いを奨励

↓

第7段落…ほほえみは心にとっても良好

↓

第8段落…逆境でもほほえみ続けた日本女子サッカーチームがアメリカチームに勝利

↓

第9段落…ほほえみはささいなことだが，人を変える力がある

🛡 構文の研究

第1段落 l. 1 ～ l. 2 One interesting study shows that children laugh about four hundred times every day

本来 show という行為は人がするものにもかかわらず，この英文では物事の One interesting study がその行為の主語になっています。このような英文は「無生物主語構文」と呼ばれ，訳すときに注意する必要があります。

The present made me happy. 「そのプレゼントは私を幸せにした」

→「そのプレゼントのおかげで，私はうれしくなった」

第3段落 l. 2 I can cure myself

主語と目的語が同一人物のときは注意が必要です。「私は自分のことが好きです」と言うときは I like me. ではなく I like myself. と言います。

She looked at herself in the mirror. 「彼女は鏡で自分を見ました」

7. 会話文の読み方 本冊 ▶ p.26

〔全訳〕

エヴァ：すみません。私は，娘のための弁当箱が欲しいんです。手伝ってもらえますか。

優花：いいですよ。何をしてさしあげられますか。

エヴァ：ありがとう。このお店にはたくさんの種類の弁当箱があります。1つを選べないんです。どれがいちばんいいものでしょうか。

優花：ええーと。あなたの娘さんについていくつかお聞きしたいです。彼女は何歳ですか。彼女は，かわいいものが好きですか，それともかっこいいものが好きですか。それと，大きいものと小さいものとでは，どちらのサイズが彼女にとってよいでしょうか。

エヴァ：娘は15歳です。彼女はかっこいいものが好きです。それに食べるのが好きなので，いつも大きいものを使います。

優花：どんな色が好きですか。

エヴァ：青が好きです。

優花：わかりました。こちらのものはいかがでしょうか。かっこよくて大きくて，とても便利ですよ。

エヴァ：それなら娘は気に入ると思います。それにします。どうもありがとうございます。「ベントウ」は今，フランス人の間でとても人気があります。私たちは弁当箱にたくさんの種類の食べ物を入れて楽しんでいます。さらに持ち運ぶのも楽です。フランス人は「ベントウ」という言葉を使います。

優花：本当ですか。それを聞いて私はとても驚いています。

練習問題 (7) 解答 本冊 ▶ p.28 ～ p.29

(1) ① ウ　② ア

(2) 相手の女性が自分の好きな日本食レストランで，アリスと日本食を楽しむこと。

(3) ウ

解説

(1) ① 直後に女性が感謝していることから，同行を表明しているウを選ぶ。

　　② 直後に「彼女もまたカナダ出身です」と述べているので，出身地をたずねるアを選ぶ。

(2) まず問題の指示にある「誰が，どこで，どのようなことをするのか」の3点すべてを満たしたうえで，直前の女性の発言にある there を具体的に示して書けばよい。

(3) ア　トモキが女性にワカバホテルへの道をたずね
　　　たのではない。
　　イ　l. 12で思い出せないと述べているので矛盾す
　　　る。
　　エ　女性がトモキの学校を訪問する予定はない。

〔全訳〕
女性：すみません。ワカバホテルにはどのように行けばい
　　　いのでしょうか。
トモキ：私はそのホテルの近くの郵便局に行くところです。
　　　いっしょに行きましょう。
女性：ありがとう。
（彼らはワカバホテルに向かって歩き始めます）
トモキ：日本を旅行しているのですか。
女性：はい。私はカナダ出身です。私は昨日，京都へ行き
　　　ました。私はそこで古いお寺や神社を見てわくわくしま
　　　した。今朝，私は京都を出発してこの市に着きました。
　　　私の友人の1人がここに住んでいるのです。彼女は6か
　　　月前に日本に来ました。私はもうすぐ彼女に会う予定で
　　　す。
トモキ：彼女はどこの出身ですか。
女性：彼女もカナダ出身です。彼女はこの市の高校で英語
　　　を教えています。
トモキ：あなたはその学校の名前を知っていますか。
女性：彼女はEメールでその名前を私に教えてくれました
　　　が，私はそれを思い出せません。えーと…。その学校は
　　　この市で生徒数がいちばん多いです。
トモキ：ああ，それは私の学校です！　彼女の名前はアリス・
　　　グリーンですか。
女性：はい！　彼女はあなたの英語の先生なのですね！
トモキ：そうです。彼女の英語の授業はおもしろいです。
女性：よかった。彼女は毎週月曜日の放課後に英語部に参
　　　加していますよね。
トモキ：そうです。私はその英語部に所属しています。こ
　　　の前の月曜日に，彼女はこの市のいくつかのレストラン
　　　についてたずねました。だから私はお気に入りの日本食
　　　レストランについて彼女に教えました。
女性：私は日本食が大好きです。
トモキ：彼女は私に「私は友達といっしょにあなたのお気に
　　　入りの日本食レストランに行きたい」と言いました。
女性：本当ですか。私は彼女とそこで日本食を楽しむつも
　　　りです。
トモキ：そうすることを願っています。

l. 2 post office 郵便局　l. 6 temple 寺
l. 6 shrine 神社　l. 12 remember ～を思い出す
l. 19 favorite お気に入りの

英文の大きな流れ

トモキはワカバホテルに向かう女性に話しかけられ
る
↓
道案内の途中で，京都観光や6か月前に来日した友
人の話を聞く
↓
ともにカナダ出身で，友人が英語教師だとわかる
↓
友人が勤める学校の規模を聞いて，トモキの学校だ
とわかる
↓
さらに彼女の友人が，トモキを教えているアリス・
グリーン先生だとわかる
↓
トモキが紹介した日本食レストランで2人が食事予
定と知る

🛡 構文の研究

l. 2 I'm going to the post office near the hotel.
現在進行形には「～しているところです」という意
味のほかに，次の2つの意味を表すことがありま
す。
He is leaving Japan tomorrow.「彼は明日，日本
を出発します」（近い未来）
She is always watching TV.「彼女はいつもテレ
ビを見てばかりいます」（非難をこめて）
l. 23 I hope you will.
省略された内容を補って書くと I hope that you
will enjoy Japanese food there with her. となり
ます。hope は接続詞の that で始まる節を目的語
にとることができますが，want はできません。
それぞれの動詞の語法をしっかり覚えるようにし
ましょう。

8. 図表・グラフの読み方　本冊　▶ p.30

〔全訳〕　私たちの町へようこそ。みなさまにお伝えしたいことがあります。自転車を無料で使うことができるのです。

自転車は朝の9時から使うことができます。自転車は3か所で借りられます。地図を見てください。自転車の絵がそれらの場所を示しています。それらは，市役所，図書館，そしてこの駅です。自転車は夕方の6時までにそれらの場所のうちの1つに返してください。

自転車で訪れることのできるよい場所が2つあります。1つは美しい庭のあるお寺です。ここから12分かかります。もう1つは公園です。そこにはたくさんの桜の木があって，今美しい花を見ることができます。みなさまが旅をお楽しみになることを願っています。

練習問題 (8)　解答　本冊　▶ p.32 ～ p.33

(1)　① エ　② ウ　③ ア　④ イ

(2)　dreams（または hopes, wishes など，夢や希望を表す言葉）

(3)　ア

(4)　help children in Africa〔give children in Africa school lunches〕

解説

(1) ① 第2段落の最後に「これはサハラ砂漠以南のアフリカがどこなのかを示しています」と述べられているので，地図の**エ**を選ぶ。

② 第3段落の l.3 に弟や妹を世話する記述があるので，小さな子を背負う**ウ**を選ぶ。

③ 第4段落の l.3～l.4 に "Table for Two" project を支援するレストランでの食事の記述があるので，**ア**を選ぶ。

④ 第8段落の l.1 に，美しいアフリカの記述があるので，**イ**を選ぶ。

(2) それぞれの感謝のメッセージに，目標や希望が書かれていることがヒントになる。

(3) **イ** "Table for Two" project は日本人が始めたので矛盾する。

ウ マーク先生の父親がアフリカ生まれで，マーク先生自身はカナダ生まれなので矛盾する。

エ アフリカの多くの子供たちが学校に行けない理由は学校給食がないから，という記述はない。

(4) 第5段落の l.2 で述べられているプロジェクトの2つの長所のうち，1つ目を答える。

〔全訳〕　アフリカについての話をする時間を私に与えてくれてありがとうございます。みなさんは私がカナダで生まれたことを知っていますが，私の父はアフリカ生まれで，彼が25歳のときにカナダに移住しました。

アフリカには50以上の国があり，それはとても大きくて美しいのですが，それはいくつかの問題を抱えています。今日世界の子供たちの約90パーセントが小学校で勉強していますが，アフリカではわずか約70パーセントしか勉強していません。学校に行けない子供たちのほとんどは，サハラ砂漠以南のアフリカに住んでいます。これはサハラ砂漠以南のアフリカがどこなのかを示しています。

みなさんはなぜ彼らが学校に行くことができないのかを知っていますか。サハラ砂漠以南のアフリカの多くの子供たちは，家族が貧しいので十分な食べ物を食べることができないのです。そうした子供たちは家族を支えるために働かなければなりません。農場で働いている子もいます。家事をしなければならない子もいます。彼らは弟たちや妹たちの世話をしたり，水をくみに行ったりします。もちろん，これらの子供たちは学校に行って勉強したいのですが，できないのです。

私は日本に来たとき，多くの日本人たちがアフリカの子供たちを助けていることを知ってうれしかったです。みなさんはこれまでに "Table for Two" というプロジェクトについて聞いたことがありますか。それは何人かの日本人よって始められました。それはアフリカの子供たちに学校給食を与えるためのプロジェクトです。もしみなさんが "Table for Two" のプロジェクトを支援している日本のレストランで食事をすると，1食につき20円がアフリカに送られます。アフリカでは，20円で1人分の学校給食を買うことができます。

"Table for Two" を支援するレストランはあなたの健康によい食材を使っているので，このプロジェクトは日本の人々にとってもよいのです。だからそこで食事をすることによって，みなさんはアフリカの子供たちを助けることができ，自分の健康を管理することもできるのです。

これらは，このプロジェクトから学校給食を得たアフリカの子供たちからのメッセージです。

アイーダ（女子，10歳）
私は学校給食が食べられるので学校が好きです。私は看護師になるために一生懸命に勉強しようと思います。

ウバ（男子，12歳）

今朝ぼくは朝食を食べませんでした。ぼくは学校で学校給食を食べるので，それは大きな問題ではありません。ぼくはサッカーが好きでサッカーを通して世界中でたくさんの友達を作りたいです。

これらの子供たちは将来の夢について書きました。彼らは学校給食があるので，一生懸命に勉強することができて，多くのことに挑戦することができるのです。

アフリカには美しい場所がたくさんあります。たくさんのすばらしい文化もあります。そこに住んでいる人たちは，自分たちの国々をもっとよくしようと熱心に努めています。アフリカは私の父の故郷なので，私はアフリカがもっと住みやすい場所になることを本当に願っています。

お聞きくださってありがとうございます。

語句

第1段落 l. 2 move to ～ ～に引っ越す
第2段落 l. 1 more than ～ ～以上
第3段落 l. 3 farm 農場　l. 3 housework 家事
第4段落 l. 1 glad うれしい　l. 2 project プロジェクト，企画
第6段落 l. 3 nurse 看護師　l. 6 all over the world 世界中で

英文の大きな流れ

第1段落…マーク先生はカナダ生まれだが，父親はアフリカ出身で25歳のときカナダに移住

↓

第2段落…アフリカの問題の1つは就学率の低さ。とりわけサハラ砂漠以南は低い

↓

第3段落…貧困のせいで食事も不十分。農場での労働，家事，弟や妹の世話で学校に行けず

↓

第4段落…日本人が始めた "Table for Two" のプロジェクトは，支援するレストランでの食事ごとにアフリカでの1回の学校給食代に相当する20円を送金

↓

第5段落…"Table for Two" のプロジェクトの2つの長所

↓

第6段落…このプロジェクトのおかげで学校給食を食べられる2人からの感謝メッセージ

↓

第7段落…学校給食のおかげで将来の夢に向けて一生懸命努力できる

↓

第8段落…父が生まれた美しくたくさんのすばらしい文化があるアフリカの今後に期待

↓

第9段落…発表を聞いてくれたことへのお礼

🛡 構文の研究

第3段落 l. 1～l. 2 many children in Sub-Saharan Africa can't eat enough food
enough には「十分な」を意味する形容詞と，「十分に」を意味する副詞があります。特に副詞は文中に置かれる場所が出題されるので，注意が必要です。
There is enough water.「十分な水があります」（形容詞）
He is wise enough to solve the question.「彼はその問題を解くのに十分に賢いです」（副詞）
→ He is so wise that he can solve the question. への書きかえは頻出です。

第4段落 l. 4 they can buy one school lunch for 20 yen「彼らは20円で1人分の学校給食を買うことができます」
buy は直後に〈人＋物〉を続けて，「（人）に（物）を買う」という意味になります。語順を入れかえることも可能で，その場合は前置詞 for を使って〈物＋ for ＋人〉となります。
I bought her the doll.「私は彼女にその人形を買いました」
＝I bought the doll for her.
では，この英文にある for 20 yen はどうでしょうか。この for は〈人＋物〉の語順を入れかえた場合に使う for ではなく，「～と引き換えに」の意味を表す for で，「20円で」という意味になります。

実戦1　会　話　文

Step A　　解答　　　本冊 ▶ p.34～p.35

(1)　on

(2)　to the Hawaii Aquarium

(3)　I want to know what kinds of fish they have

(4)　④イ　⑤ア

(5)　イ

(6)　ウ

解説

(1) on the Internet「インターネットで」on my birthday「私の誕生日に」

(2) there は「そこに」を意味する副詞なので前置詞をつけて答える。

(3) What kinds of fish do they have? を間接疑問文にかえて，I want to know に続ける。

(4) ④ 下線部④の直後を参照。
　　⑤ 下線部⑤の直後を参照。

(5) イルカショーが無いという情報は7月1日付の情報である。

(6) Sounds great.「楽しそう」と評価していることから，ウを選ぶ。See you later.「またあとで」Hold on, please.「少々お待ちください（電話で使う表現）」Take care of yourself.「お大事に」

〔全訳〕

お知らせ

7月20日	夏祭りが7月24日から始まります。たくさんのイベントを楽しめます。
7月1日	水槽清掃のため，7月20日にイルカショーはありません。
6月30日	水族館は7月1日から8月31日の間，午前9時から午後7時まで開館します。
4月1日	4月20日から5月20日の間，花祭りのために特別イルカショーを開催します。

サラ：あなたは何をしているの，ヒカル？

ヒカル：宿題で魚について勉強しなければならないので，ぼくはインターネットで水族館を探しているところなんだ。ハワイにはどこかよい水族館がある？

サラ：ええ，ハワイ水族館というハワイで一番大きい水族館があるわよ。水槽には3頭のジンベイザメがいるわ。

ヒカル：すごい！　君は今までにそこに行ったことがあるの？

サラ：もちろん！　何度も！　父が毎年私の誕生日に私をそこへ連れて行ってくれるの。

ヒカル：ところで，そこにはどんな種類の魚がいるのかぼくは知りたいんだ。

サラ：それなら，ウェブサイトを調べて。ここを押すとこのページで魚や海の動物の写真をたくさん見ることができるわよ。

ヒカル：これを見て。4つの異なる種類のイルカがいるね。イルカショーはあるの？

サラ：もちろんよ！　毎日ショーが何時に始まるかを知るためには，ここを押せばいいわよ。

ヒカル：いいね。ちょっと待って。明日はイルカショーが1度もないよ。

サラ：次の土曜日に水族館に行きましょう。

ヒカル：それはいいね。次の土曜日なら空いてるよ。ああ，待ちきれないよ。

語句

（ウェブサイト）l. 1 festival 祭り　l. 1 event 行事

l. 2 show ショー　l. 2 clean ～を掃除する

l. 4 special 特別な

（会話）l. 2 look for ～ ～を探す

l. 2 on the Internet インターネットで

l. 11 different 異なる　l. 11 kind 種類

l. 13 Wait a minute. ちょっと待って。　l. 15 free ひまな

英文の大きな流れ

（ウェブサイト）

- ・　7月20日　夏祭り情報
- ・　7月1日　イルカショー中止情報
- ・　6月30日　7月1日～8月31日の水族館の開館情報
- ・　4月1日　4月20日～5月20日の特別イルカショーの開催情報

（会話）

- ・　ヒカル　宿題で水族館を調査
- ・　サラ　見学したことのあるハワイ水族館を提案

🛡 構文の研究

（会話）l. 6 Have you ever been there?

２通りの意味を持つ have[has] been to ～

have[has] been to ～は「経験」「完了」の２つの意味がありますが，多くの人が「経験」の意味しか答えられません。「経験」では ever，「完了」では just などの語がいっしょに使われます。下記の例を確認しましょう。

I have（ever）been to the station.「私は（これまでに）その駅に行ったことがあります」（経験）

I have（just）been to the station.「私は（ちょうど）その駅に行ってきたところです」（完了）

（会話）l. 15 I can't wait!

wait は直後の前置詞で意味が変化します。

wait for ～「～を待つ」wait on ～「～に仕える」なお難関高校では，wait for A to do「Aが～するのを待つ」も出題されることがあるので覚えておくとよいでしょう。

実戦2　説 明 文

Step A　解答　本冊 ▶ p.36～p.37

(1) (a) ア　(b) ウ　(c) エ
(2) イ
(3) Mr. Sotoo [Sotoo Etsuro]
(4) エ→ア→ウ→オ→イ

解説

(1) (a) イ　100年以上前に発見されたという記述はない。

ウ　たくさんのわらで作られているという記述はない。

エ　たくさんの労働者によって完成されたという記述はない。

(b) ア　25歳のときのヨーロッパ旅行の目的は，自分の知らない世界を見るためなので矛盾する。

イ　大学で彫刻を学んだものの，彫刻家になろうとは思わなかったので矛盾する。

エ　サグラダファミリアの建築家によって彫刻家になるように頼まれていないので矛盾する。

(c) ア　ガウディが，サグラダファミリアを完成させるように若者たちに言ったという記述はない。

イ　ガウディが，自分がサグラダファミリアを完成させることができると人々に言ったという記述はない。

ウ　ガウディが，できるだけ早くサグラダファミリアを完成させたいと望んだという記述はない。

(2) 直前の文にある what to sculpt と同意の選択肢を選ぶ。

(3) 直前の文に「自分を名前で呼ぶように言った」とあるので，「外尾さん」に当たる２語を答える。

(4) ア　第２段落のl. 5を参照。　イ　第５段落のl. 4 ～l. 5を参照。　ウ　第４段落のl. 2～l. 3を参照。エ　第２段落のl. 1を参照。　オ　第５段落のl. 2～l. 3を参照。

〔全訳〕

あなたはスペインのバルセロナにあるサグラダファミリアを知っていますか。それは主に岩で作られた美しい教会です。毎年多くの観光客がそこを訪れます。その建設工事は100年以上前に始まり，今も多くの労働者たちがこの教会を完成させようとしています。彼らの中に外尾悦郎という日本人彫刻家がいます。

外尾さんは大学で彫刻を学びましたが，彫刻家になるつもりはありませんでした。1978年，彼が25歳のとき，自分の知らない世界を見るためにヨーロッパを旅行しました。その旅行中に，彼は初めてサグラダファミリアを訪れました。何人かの人たちが働いていて，たくさんの岩がありました。彼がその岩を見たとき，彼はそれらを彫刻したいと本当に思いました。そこで，彼はサグラダファミリアの建築家たちに自分の作品を見て欲しいと頼みました。彼らは彼に彫刻家になるための試験をしました。数週間後，彼は「おめでとう！」と言われました。

サグラダファミリアは，有名なスペインの建築家であるアントニオ・ガウディによって設計されました。そのデザインには多くの異なる部分がありました。だから，あまりに長い時間がかかるので，ガウディは完成された教会を見ることができないだろうと人々は言いました。しかし彼は気にしませんでした。彼はより若い人々が彼のアイディアを理解して，いつか建設工事を終えてくれるだろうと信じました。彼はそれをゆっくりと着実に完成させることが大切であると考えました。だから彼は４つある門の１つにカ

メをデザインしました。デザインのそれぞれの部分には，このようなガウディからのメッセージがあるのです。

外尾さんはサグラダファミリアで働き始めました。最初，彼はスペインの労働者たちによって「日本人」と呼ばれ，そこに友達はいませんでした。しかし彼は熱心に仕事をし続けました。1年後，彼は5つの植物を彫刻するように言われました。彼はとてもうれしく思ったのですが，何を彫刻したらよいのかわかりませんでした。誰も彼に答えを教えませんでした。彼は自分で答えを探し始めました。最初，彼はガウディがサグラダファミリアのためにデザインした彫刻を研究しました。次に彼はたくさんの植物の本を調べ，考えに考えました。ついに，彼は答えを見つけました。彼は5つの植物を彫刻し始め，熱心に仕事をしました。それらを完成させるのに14か月かかりました。彼が彫刻を終えたとき，スペイン人の労働者たちは祝福しました。彼は彼らに自分のことを「日本人」ではなくて，名前で呼ぶように言いました。それ以来，彼らは彼を「外尾さん」と呼びました。

外尾さんはサグラダファミリアで35年以上働いています。そこで働いている多くのスペイン人たちは，外尾さんがガウディのアイディアをとてもよく理解していると言います。1985年，彼は15の天使たちを門の1つに彫刻するように頼まれました。彼はそれぞれの天使のデザインから始めなければなりませんでした。「ガウディは私にどんな天使を彫刻してもらいたいだろうか」と，彼は15年間考え彫刻し続けました。彼が2000年に全ての天使たちを完成させたとき，その門は完成しました。それは2005年に世界遺産リストに加えられました。外尾さんは「疑問を持ち，その答えを一生懸命に探そうとすることが大切です。あなたが自分で見つける答えが何よりも大切でしょう」と言いました。外尾さんはサグラダファミリアを完成させるために，答えを探し続けるでしょう。

語句

第1段落 l. 3 complete ～ ～を完成させる
第2段落 l. 4 architect 建築家　l. 5 work 作品
第3段落 l. 1 design ～ ～をデザインする　l. 3 care 気にする　l. 4 some day いつか
第4段落 l. 7 celebrate 祝福する
第5段落 l. 3 start with ～ ～から始める　l. 5 add ～ to ... …に～を加える

英文の大きな流れ

第1段落…100年以上前に建設工事を開始したサグラダファミリアで働く外尾悦郎さん

↓

第2段落…外尾さんがサグラダファミリアで働くきっかけ

↓

第3段落…建築家のアントニオ・ガウディは着実な完成を希望し，門の1つにカメをデザイン

↓

第4段落…5つの植物のデザインを命じられた外尾さんは，14か月かけて完成させ，名前で呼ばれるまでに評価された

↓

第5段落…外尾さんは2000年に門の天使の彫刻も完成させ，サグラダファミリアは2005年に世界遺産リストに登録された。外尾さんが大切だと考えることと彼のこれからの取り組み

❗ 構文の研究

第1段落 l. 3 Among them is Sotoo Etsuro
前置詞のついた名詞は主語になれません。では主語は何でしょうか。実はこの英文の本来の形はSotoo Etsuro is among them. です。このように英文の語順を変えることを「倒置」と呼びます。
第2段落 l. 4 ～ l. 5 he asked the architects of the Sagrada Familia to see his works
ask, want, tell には不定詞の前に目的語をとる用法があります。下記の例文で確認しましょう。
He asks me to clean the room. 「彼は私にその部屋を掃除するように頼みます」
I want her to swim. 「私は彼女に泳いでもらいたいです」
Who told you to go there? 「誰があなたにそこに行くように言ったのですか」
3つの英文に共通しているのは，不定詞の直前にある目的語(me, her, you)が，不定詞の意味上の主語になっている点です。

実戦3　物語文

(1)　イ
(2)　① 車やバスを利用する人が増えた
　　② 飛行機も人気が高くなった
(3)　ウ
(4)　イ
(5)　① わからないことは質問する
　　② 恥ずかしがるべきではない
(6)　エ, カ

解説

(1) 直後に「もちろんそれらのいくつかはとても難しかった」とあり，many interesting ideas を指していると考えると文脈に合う。
(2) 第1段落のl.3を参照。
(3) 第1段落のl.4～l.5を参照。
(4) 第3段落のl.5～l.7を参照。
(5) 直後の2文を参照。
(6) ア　ボブの母が急行列車に関するニュースをボブに教えたという記述はない。
　　イ　新聞で理科合宿について読んだという記述はない。
　　ウ　急行列車に初めて乗ったのは合宿に行くときである。
　　オ　ボブが合宿に参加したあとに新しい先生に出会ったという記述はない。

〔全訳〕「さようなら，ニューヨーク行きの急行列車よ」，私はある朝新聞でそのニュースを読みました。私の町とニューヨークとの間の列車の運行は来年なくなると新聞に書いてありました。最近，たくさんの高速自動車道が造られました。より多くの人々が現在車やバスを利用しています。飛行機も以前より人気になりました。列車の運行を続けるのは難しいのです。私が小さな少年だったとき，急行列車が大好きでいつも家からそれを眺めていました。ニューヨークまで列車に乗るのが私の夢でした。私はそのニュースを読んだとき，20年前の初めてのニューヨーク旅行を思い出しました。

私が中学生だったとき，私の先生が理科合宿について私に教えてくれました。彼は理科が私のお気に入りの科目であることを知っていました。私はしばしば星についての本を読みました。彼は，多くの中学生が3日間ニューヨークに滞在して，たくさんの科学者から多くのことを学ぶだろうと言いました。その夜私は母に「ぼくはその合宿に参加し

たいんだ。行ってもいい？」と言いました。彼女は「行っていいわよ，ボブ。一生懸命やってきなさい」と言いました。私は「ありがとう！　それで…もう1つお母さんにお願いしてもいい？」と言いました。「ニューヨークまで急行列車に乗りたいのよね，そうでしょ。そうね…いいわよ。私はあなたが小さいときから，ずっとそうしたかったことを知っているわ」と彼女は答えました。

理科合宿にはアメリカの多くの地域から来たたくさんの生徒がいました。授業が始まりました。最初，科学者たちからたくさんのおもしろいアイディアを聞くことは楽しかったです。もちろんそれらの中にはとても難しいものがありました。だから科学者たちは私たちに「さあ，わからなかったことについてみなさんは私たちに質問していいですよ」と言ってくれました。多くの生徒たちが彼らにたくさんの質問をし始めました。中には自分自身の考えについて話し始めさえする生徒もいました。彼らはとても興奮し議論を楽しんでいました。何人かの生徒たちは「君は何か質問はないのか」と私にたずねました。また「君の考えは何ですか」とたずねる生徒もいました。私は何か言いたかったのですが，恥ずかしがりで人前で話すのが怖かったのです。それで私はほかの生徒たちの話を聞くだけでした。私は合宿を楽しむことができませんでした。

お気に入りの急行列車で帰宅しているとき，私は何もしないでそこに座っているだけでした。数時間後，列車が森を通り抜けて走っているとき，私のとなりの小さな少女が興奮して「まあ，星がいっぱいある！　こんなにたくさんの美しい星を今までに見たことがないわ」と言いました。それから彼女は「あなたはあそこのいちばんきれいな星の名前を知っていますか」と私にたずねました。彼女はまた「なぜ星は違う色をしているの？」とたずねました。彼女は私に星についてのたくさんの質問をし続け，私はそれらに答えようとしました。列車が彼女の町に到着したとき，彼女は「あなたが私にたくさんのおもしろいことを教えてくれたので，私はうれしいです。私はもっと星に興味を持つようになりました。ありがとう！」と言いました。私は彼女との話を楽しみました。また，彼女はとても大切な何かを私に教えてくれました。もし何かを学びたいのであれば，私たちは知らないことについて質問すべきです。だから私たちは恥ずかしがるべきではないのです。

私の町に戻って来てから，私は理科の授業で多くの質問をしようとし，理科にもっと興味を持つようになりました。今では私の町の近くの中学校で理科の先生をしています。この夏，私は生徒の1人を理科合宿に連れて行くつもりです。彼もまた理科がとても好きで少し恥ずかしがりです。この合宿が彼を変えるかもしれません。もちろん私たちはニューヨークまで急行列車に乗るつもりです。それが最後の機会になるでしょうから。

語句

第1段落 l. 3 plane 飛行機　l. 4 hard 難しい　l. 5 take ～に乗る　l. 6 trip 旅行

第2段落 l. 2 favorite お気に入りの　l. 4 join ～に参加する

第3段落 l. 1 part 地域　l. 4 ～ 's own ～自身の　l. 6 ～ l. 7 in front of ～ ～の前で

第4段落 l. 2 next to ～ ～のとなりの

英文の大きな流れ

第1段落…20年前に初めて利用したニューヨーク行きの急行列車の運行が来年廃止

↓

第2段落…母にニューヨークでの理科合宿への参加を許され，急行列車を利用

↓

第3段落…恥ずかしがりのせいで合宿を楽しめず

↓

第4段落…合宿からの帰宅途中に少女に会い，未知のことを学ぶ姿勢を学習

↓

第5段落…現在教師の筆者が生徒の理科合宿に同行し，ニューヨーク行きの急行列車を利用する予定

🛡 構文の研究

第1段落 l. 1 ～ l. 2 The paper was saying that the train service between my town and New York would stop next year.

「～とあなたの顔に書いてある」を英作文で表現するとどうなるでしょうか。write を使って表現しようとしてもうまくいきません。英語では say を使って表すことがよくあります。

Your face says ～ . とすれば簡単に表すことができます。

第3段落 l. 6 ～ l. 7 I was shy and afraid of talking in front of people

「～を怖がる」を意味する be afraid of は次のように書きかえることができます。

I am afraid of making a mistake.「私は間違えることが怖いです」

＝ I am afraid that I may make a mistake.（may は「～かもしれない」を意味する助動詞）

実戦4　メール文

Step A　　解答　　　　　本冊 ▶ p.40 ～ p.41

(1)　one of the most popular sports

(2)　ア

(3)　four

(4)　オーストラリアン・フットボールはラグビーに似ています。

(5)　① six years ago
　　　② has one[a] sister
　　　③ pictures of his[Hiroki's] school
　　　④ teach, how to

解説

(1) 後ろに is があるので，I heard (that) ～ . の文であるとわかる。in your country までが that 節内の主語。

(2) 英文の途中に how many があるので間接疑問文の語順になる。

(3) family のあとの：(コロン)に続けて，家族構成を具体的に述べている。

(4) like は「～のような」を意味する前置詞である。

(5) ① ひろきの E メール l. 5 ～ l. 6 を参照。
　　② ニックの E メール l. 4 ～ l. 5 を参照。
　　③「ニックはひろきに何を持って来てもらいたいですか」ニックの E メール l. 6 ～ l. 7 を参照。
　　④ ニックの E メール l. 8 を参照。

〔全訳〕

送信者：ひろき 「こんにちは」

| こんにちは，ニック。
ぼくの名前はひろきです。オーストラリアへの旅行の間，ぼくはあなたの家族のところに滞在する予定です。本当にありがとうございます。ぼくは15歳です。サッカーが大好きです。学校ではサッカー部に入っています。ぼくはそれを6年前に始めました。
ぼくはあなたの国で最も人気のあるスポーツの1つがオーストラリアン・フットボールと聞きました。それはサッカーに似ていますか。ぼくはそれの仕方を知りたいです。 |

ぼくはあなたが何人家族なのかも知りたいです。ぼくは全員にプレゼントを持って行くつもりです。
すぐにお返事をください。
ひろき

送信者：ニック
「ありがとう」

こんにちは，ひろき。
Ｅメールありがとう。ぼくはニックです。ぼくは16歳です。ぼくの家族は４人家族です：両親と妹[姉]とぼくです。あなたがぼくたちのところに滞在することを，ぼくたちはみんなとてもうれしく思っています。あなたはぼくたちのそれぞれにプレゼントを持って来る必要はありません。もし何かを持って来ることができるのなら，あなたの学校の写真を持って来てくれませんか。ぼくたちはそれについてたくさん聞きたいです。
ぼくはオーストラリアン・フットボールをあなたに喜んで教えます。それはラグビーに似ています。ぼくは毎週末，友達とそれをしているので，どうぞぼくたちに加わってください！
ニック

語句

（ひろきのＥメール）l. 7 popular 人気のある　l. 11 soon すぐに
（ニックのＥメール）l. 9 weekend 週末　l. 9 join ～に加わる

英文の大きな流れ

（ひろきのＥメール）

- ・　ひろきの情報（年齢・所属クラブ・サッカーを始めた年齢）
- ・　オーストラリアン・フットボールに興味
- ・　ニックの家族にプレゼント持参を希望

（ニックのＥメール）

- ・　ニックの情報（年齢・家族構成）
- ・　プレゼントではなく，ひろきの学校の写真を持参するよう依頼
- ・　オーストラリアン・フットボールはラグビーと似ていて，毎週末に友達とプレーすると報告

🔍 構文の研究

（ひろきのＥメール）l. 4 I am going to stay with your family
「滞在する」を意味する stay は，後続の名詞によって前置詞を使い分ける必要があります。
He will stay <u>with</u> us.（「人」の場合は with）
He will stay <u>at</u> our house.（「場所」の場合は at）
難関高校では次のような出題もありますので注意しましょう。
I will stay at Bob's.（所有格のあとの house や office は省略されることがあります）
（ひろきのＥメール）l. 7 Is it like soccer?
この英文を「それはサッカーが好きですか」と訳してはいけません。この文の動詞は Is であり，like は前置詞で「～のような」を意味します。
The baby is like a doll.「その赤ちゃんは人形のようです（人形に似ています）」

実戦5　スピーチの文

Step A　解答　　　　　本冊 ▶ p.42～p.43

(1) famous for
(2) (Could) you tell me the way (to the building?)
(3) ③ ア　④ エ
(4) このあたりの歴史的な建物のいくつかは，100年ほど前に建てられたということ。
(5) ウ
(6) ア

解説

(1) be famous for ～で「～で有名である」を意味する。
(2) 「依頼」を表す Could you で文を始めて，tell を続ける。そのあとは〈人＋物〉の語順になる。
(3) ③ between A and B「A と B の間に」
　　④ over there「あそこに」
(4) 直前の兄の発言に着目する。
(5) 現在分詞の後置修飾用法。which[that] show に言いかえることができる。
(6) イ　写真を撮ったのは俊の兄ではなく，俊本人。
　　ウ　俊がインターネットを使ったのは帰宅後である。
　　エ　「俊は歴史的な建物を見るのは好きだが，それ

らが新しい建物の中にあってほしくない」という記述はない。

〔全訳〕　こんにちは，みなさん。

　私が作ったこの地図を見てください。これは大阪の中之島エリアの一部を示しています。中之島はいくつかの歴史的な建物で有名です。みなさんはこの地図でそれらの３つを見ることができます：それは中央公会堂と中之島図書館と日本銀行大阪支店です。この前の日曜日に，私は兄といっしょに中之島図書館に行きました。私たちが図書館の近くを歩いているとき，１人の女性が私たちに英語で話しかけました。彼女は私たちに図書館の建物といっしょに彼女の写真を何枚か撮るように頼みました。だから私は写真を数枚撮りました。彼女はアメリカから来ていました。彼女は「中之島は川と歴史的な建物を持つ美しい場所だと思います。私は日本銀行大阪支店の建物も見たいです。その建物への道を教えていただけませんか」と言いました。私の兄は「もちろんです。私たちはあなたをそこへ連れて行ってあげます」と言いました。

　さて，もう一度地図を見てください。この地図の上の星印が見えますか。そのとき，私たちはそこ，つまり大阪市役所と中之島図書館の間にいました。私たちは星印が示している場所から歩き始めました。そして，私たちは土佐堀川に沿って歩きました。私たちが歩いているとき，私の兄は彼女に「このあたりの歴史的な建物のいくつかは，およそ100年前に建てられました」と言いました。私は兄がそんなことを知っていて，それを英語で言ったのですごいと思いました。そしてそれから，私たちは御堂筋に着きました。彼は彼女に「日本銀行大阪支店の建物はあそこにあります。どうぞ楽しい時をお過ごしください」と言いました。その後，兄と私は帰宅しました。

　その日家に帰ったあと，私は大阪の歴史的な建物についてもっと知りたかったので，インターネットでそれらを探しました。私は歴史的な建物を示しているいくつかのウェブページを見つけました。私は大阪にはほかにも多くの歴史的な建物があることを学びました。そして，それらの建物を保存しようとしている多くの人々がいます。

　私は大阪の新しい建物にまじったそれらの歴史的な建物を見ることはおもしろいと思います。私は将来，外国からの人々にそれらについて英語で話せるようになりたいです。

　ありがとうございました。

語句

第２段落 l. 8 Sure. もちろんです。

第３段落 l. 1 star 星印　l. 4 around here このあたりの

第５段落 l. 2 future 将来

英文の大きな流れ

第１・２段落…中之島エリアの地図を使ってアメリカ人女性とのやり取りを説明

↓

第３段落…星印の地点から日本銀行大阪支店近くまで女性を案内

↓

第４段落…帰宅後ウェブページで大阪に多くの歴史的な建物があることを確認

↓

第５段落…将来の希望

⚠ 構文の研究

第２段落 l. 7 I'd like to see the building

「〜したい」を意味する want to do は would like to do で言いかえることができ，よりていねいな表現になります。

He wants to buy the book. 「彼はその本を買いたいと思っています」

＝He would like to buy the book.

I want her to open the box. 「私は彼女にその箱を開けてもらいたいです」

＝I would like her to open the box.

第３段落 l. 6 〜 l. 7 Please have a good time.

「楽しく過ごす」を意味する have a good time については，次のような言いかえや反対表現を覚えておきましょう。

He is having a good time at the party. 「彼はパーティーで楽しく過ごしています」

＝He is enjoying himself at the party.

I had a hard time in that place. 「私はその場所で大変な目にあいました」

実戦6　随筆文

(1)　イ

(2)　eaten

(3)　ウ

(4)　① Four (students) (did).

　　② They watched the stars (together).

(5)　真奈が由美子のカレーに好物のじゃがいもをたくさん入れてくれたのは，真奈が自分と話したがっているからだと思ったから。

(6)　人々を幸せにしたいという共通点。

(7)　ウ，オ

【解説】

(1) 直後の文が逆接の But で始まっていることから「自分に賛成する」を意味するイを選ぶ。

(2) 直前に I've ever とあり，現在完了の文なので，過去分詞にする。

(3) 「1か月間」という意味になるようにウを選ぶ。

(4) ①　「由美子のグループで何人の生徒たちがハイキングに行きたかったですか」第2段落のl. 1とl. 5を参照。How many students in Yumiko's group wanted ...? は主語の人数をたずねる文なので，答えるときは〜 students did. と答える。

　　②　第4段落のl. 1を参照。

(5) 由美子の好きなじゃがいもをカレーにたくさん入れた真奈の行動から，真奈の気持ちに気づいたことが書かれている第3段落のl. 5〜l. 6と，由美子の好物を真奈が覚えていてくれたことを話す第4段落のl. 1〜l. 2の内容をまとめる。

(6) 第5段落のl. 4〜l. 5を参照。and I as a nurse は and I want to make people happy as a nurse の下線部分が省略されている。

(7) ア　キャンプ前に由美子は真奈が魚釣りが好きではないことを知らなかったので矛盾する。

　　イ　火を起こすのに時間がかかったとあるので矛盾する。

　　エ　キャンプでの食事後にお互いの将来の夢を知ったので矛盾する。

〔全訳〕　真奈と私は5年前に初めて会いました。私たちはいつもいっしょでした。私たちはいつも同じことをしたいと思っていました。私たちは学校のキャンプの前はお互いについて何でも理解していると思っていました。

キャンプの1か月前，先生は私たちのクラスで5人のグループを6つ作りました。真奈と私は同じグループにいました。各グループはキャンプ中の自由時間に何をすべきかについて話しました。私は湖で魚釣りをしたいと思っていました。だから，私は「私は魚釣りがいいと思います。それはとても楽しいでしょう！　真奈，あなたはどう思う？」と言いました。私は，真奈が私に賛成するだろうと思っていました。しかし彼女は「私は魚釣りが好きではないの。ハイキングの方がいいと思うわ」と言いました。私のグループの残りの生徒たちもハイキングに行くことを望みました。私はショックを受け，とても悲しく感じました。その後，真奈と私はお互いに話をしませんでした。

キャンプが始まりました。私たちのグループはハイキングに行きました。天気のよい日でしたが，私はうれしくありませんでした。それから，私たちは夕食用にカレーライスを調理し始めました。火をおこすのに一生懸命にがんばりましたが，とても長い時間かかりました。火が強くなったとき，私たちはうれしくて「やったね！」と言いました。それから，私たちは1つのチームとしてもっとうまく作業をし始めました。真奈と私はいっしょに野菜を切りました。私は彼女に話しかけたかったのですが，できませんでした。ついに夕食が準備できました。彼女が私にカレーライスを出すと，その中にはたくさんのじゃがいもがありました。私はそれに気づいてとてもうれしかったです。真奈も私とまた話したがっているのだと私は思いました。私はそのカレーを食べてみて「とてもおいしい！これは私の人生でこれまでに食べたいちばんおいしいカレーよ！」と言いました。

夕食後，私たちのクラスはいっしょに星を見ました。私は真奈のとなりに座って「じゃがいもありがとう。私がじゃがいもを大好きなことを覚えていてくれてたのね」と言いました。彼女はほほえんで「私がとても小さかったとき，父と魚釣りに行ったの。私は滑ってけがをしたの。1か月間入院したのよ。それで私は魚釣りが好きではないの」と言いました。そのとき私はなぜ彼女が魚釣りに行きたくないのかを理解しました。私は「私に話してくれてありがとう，真奈。そうとは知らなかったの。ごめんね」と言いました。彼女は「私もごめんね。私がそのことについてあなたに言わなかったわ」と言いました。私たちはお互いにほほえみました。

真奈はそれから「私が入院していたとき，看護師さんたちがとても親切だったの。だから私は看護師になって，病気やけがをしている人々を助けて，彼らを幸せにすると決心したの。これが私の夢よ。あなたはどう？」と言いました。私は「私の夢は音楽家になることよ。私は歌で人々を幸せにしたいの」と答えました。真奈は「それは知らなかったわ。私たちは1つの夢を共有しているわ！　あなたは音楽家として，私は看護師として人々を幸せにしたいと思っている

のね。いつか私の病院に来て，楽しい歌を歌ってね」と言いました。

　今では真奈と私は本当の友達です。私は私たちの夢が実現することを願っています。

語句

第1段落 l. 2 each other お互い
第2段落 l. 3 fun 楽しみ　l. 5 the other students 残りの生徒たち
第3段落 l. 3 strong 強い
第5段落 l. 1 decide to ～ ～することに決める　l. 3 musician 音楽家　l. 5 some day いつか

英文の大きな流れ

第1段落…5年前に出会った真奈と由美子は大の仲良し
↓
第2段落…同じグループとなった真奈が由美子の提案したキャンプでの魚釣りに反対
↓
第3段落…口をきかなかった2人は真奈が由美子に出したカレーのじゃがいもで仲直りのきっかけをつかむ
↓
第4段落…星を見ながら真奈が魚釣りに反対した理由を告白，2人は仲直り
↓
第5・6段落…真奈は看護師，由美子は音楽家を将来志望，2人は真の友人に

構文の研究

第3段落 l. 7 This is the best curry that I've ever eaten
この最上級表現は次のように書きかえることができます。
I have never eaten such a good curry as this. 「これほどおいしいカレーは食べたことがありません」
I have never eaten a better curry than this. 「これよりもおいしいカレーは食べたことがありません」

第5段落 l. 1 I decided to be a nurse
動詞の中には目的語に動名詞ではなく，不定詞だけをとるものがあります。
decide to do 「～することに決める」
want to do 「～したい」
hope to do 「～したい」
need to do 「～する必要がある」

実戦7　図表を扱った文

Step A　解答　本冊 ▶ p.46 ～ p.47

(1)　イ
(2)　higher
(3)　エ

解説

(1) 第2段落最終文の後半に，日本の森林率のおよそ半分だと述べられているのでカナダだとわかる。
(2) than が直後にあるので比較級であることがわかる。高知県と岐阜県の2県の森林率が80パーセントを超えている。
(3) ア　グラフが示しているのは各国が有する河川の数ではない。
　　イ　表が示しているのは世界で最も高い森林率を有する10か国ではない。
　　ウ　グラフは日本の森林率が50パーセントより低いことを示していない。

〔全訳〕　私は地球温暖化について勉強して以来，環境に興味を持っています。先週インターネットで環境について情報を探しているときに，私は森林についてのとても興味深い事実を見つけました。今日はそれらについて話すつもりです。

　はじめに，グラフを見てください。このグラフは日本とほかの4か国の森林率を示しています。日本の国土の高い割合が森林地帯であることがわかります。またほかの国々の森林率がより低いことがわかって驚きませんか。例えば，カナダの森林率を見てください。それは50パーセント以上だと私は思っていましたが，カナダの森林率は日本の森林率の約半分なのです。

　さて，表を見てください。この表は日本における森林率の最も高い10県を示しています。2県だけが80パーセントを超える森林率を有していることがわかります。岐阜はそのうちの1つです。

岐阜は自然に恵まれているので，私は岐阜が大好きです。だから私は岐阜の森林を保護するために，将来何か環境によいことができるよう願っています。

語句

第1段落 l. 1 be interested in ~ ~に興味がある　l. 1 environment 環境　l. 1 global warming 地球温暖化　l. 2 fact 事実

第2段落 l. 2 ~ l. 3 be surprised to do ~して驚く　l. 5 half 半分

第3段落 l. 1 table 表

第4段落 l. 1 something good 何かよいこと　l. 2 future 将来　l. 2 take care of ~ ~を世話する

英文の大きな流れ

第1段落…環境に関心のある高志が，インターネットで見つけた事実を英語の授業で発表

↓

第2段落…日本を含む5か国の森林率を発表

↓

第3段落…森林率上位10位の県を発表

↓

第4段落…自然に恵まれた岐阜県の森林保護に向けた決意表明

構文の研究

第1段落 l. 1 ~ l. 2 I was looking for some information

some が付いているにもかかわらず information が複数形にならないのは，不可算名詞だからです。不可算名詞として扱われる名詞は下記の通りです。

固有名詞…地名や人名など1つしかないものを表します。

物質名詞…液体や粉末など物質そのものを表します。

抽象名詞…具体的な形がない概念を表します（peace「平和」や history「歴史」など）。

第2段落 l. 2 ~ l. 3 aren't you surprised to see that the forest area percentages of the other countries are lower?

否定疑問文は答え方をしっかり理解する必要があります。

Are you happy?（ふつうの疑問文）「あなたは幸せですか」

—Yes, I am.「はい，幸せです」

—No, I am not.「いいえ，幸せではありません」

Aren't you happy?（否定疑問文）「あなたは幸せ<u>ではない</u>のですか」

—Yes, I am.「いいえ，幸せです」→ I am happy.

—No, I am not.「はい，幸せではありません」→ I am not happy.

ふつうの疑問文と否定疑問文のどちらも Yes で答えると「幸せです」を意味し，No で答えると「幸せではないです」を意味します。

実戦8　会 話 文

Step A　解答　本冊 ▶ p.48 ~ p.49

(1) (A) ア　(D) ウ
(2) イ
(3) エ
(4) show you how to do it
(5) How long does it take[How long can I take to paint] (?)
(6) ウ
(7) from Australia

解説

(1) (A) 直後の「彼らは自分のカップに絵を描いているところです」から，行為をたずねる疑問文を選ぶ。

(D) 次のアヤカの発言が「先生がいて，彼があなたにそのやり方を教えてくれます」と述べているので，ピーターはカップに絵を描くことは難しいかどうかたずねているとわかる。

(2) 直前の I made my own cup last year. をヒントに You can make your own cup. を意味する英文にする。

(3) 直前のアヤカの発言を参照。

(4) 〈show + 人 + 物[事]〉の語順にする。how to ~ は「~の仕方」の意味。

(5) 直後に「30分ぐらいです」と答えているので，所要時間をたずねる疑問文を作る。

(6) アヤカの発言に「川にかかっている」とあるので，ウを選ぶ。

(7) ピーターの最後の発言を参照。

ピーター：このカップはとてもカッコいいね。

アヤカ：ええ，この店にはとても多くの美しいカップがあるわね。

ピーター：その通りだね。見て，アヤカ！　彼らはテーブルで何をしているところなの？

アヤカ：彼らは自分のカップに絵を描いているところよ。私も昨年自分のカップを作ったわ。あなたも自分のものを作ることができるわよ。

ピーター：本当に？　どうやってそれを作ることができるの？

アヤカ：はじめにカップを選んで。それから，その上に絵を描くのよ。

ピーター：わかったよ。ぼくはそれをやりたいな。

アヤカ：じゃあ，行ってカップを選びましょうか。

ピーター：えーと…。カップは丸いので，その上に絵を描くのは難しいかな。

アヤカ：ええ，少しね。でも大丈夫よ。先生がいて，彼があなたにそのやり方を教えてくれるわ。

ピーター：それはいいね！　ぼくは速く絵を描くことができないと思うよ。どれくらい時間がかかるの？

アヤカ：30分くらいよ。私たちは１時間ここにいることができるわ。

ピーター：いいね。行こう。

(30分後)

アヤカ：ピーター，あなたは芸術家ね！　私たちは今日，川にかかっているこの橋を見たわ。

ピーター：うん，ぼくはそれがとても気に入ったんだ。この絵は日本とぼくの国オーストラリアの友情の架け橋だよ。

アヤカ：あなたはとてもすばらしいカップを作ったわね。

〔語句〕

l. 4 ～'s own ～自身の　l. 7 I see. わかりました。
l. 8 Shall we ～？ ～しましょうか。　l. 15 over the river 川にかかっている　l. 16 ～ l. 17 between A and B　AとBの間の

英文の大きな流れ

・　伝統工芸品店でアヤカとピーターはカップに絵付けをしている人々を目撃

↓

・　30分かけて体験

↓

・　ピーターはカップに日本とオーストラリアの架け橋の絵を描き，アヤカが称賛

⚠ 構文の研究

l. 11 How nice!

感動や驚きを表す表現は感嘆文と呼ばれます。〈How ＋形容詞[副詞]＋主語＋動詞～!〉または〈What（a[an]）＋形容詞＋名詞＋主語＋動詞～!〉で表します。次の書きかえを参考にして理解しましょう。

He is very tall. → How tall he is!「彼は何て背が高いのでしょう！」

You run very fast. → How fast you run!「あなたは何て速く走るのでしょう！」

She is a very pretty girl. → What a pretty girl she is!「彼女は何てかわいい少女でしょう！」

l. 12 We can stay here for one hour.

時間を表す前置詞はしっかり区別する必要があります。

The baby slept <u>for</u> two hours.「その赤ん坊は２時間眠りました」（期間）

She will come here <u>in</u> thirty minutes.「彼女は30分後にここに来るでしょう」（期間の終点）

I stayed in Hokkaido <u>during</u> summer vacation.「私は夏休み中に北海道に滞在しました」（特定の期間）

Come home <u>by</u> six o'clock.「６時までに帰宅しなさい」（期限）

We have to study <u>until</u> four o'clock.「私たちは４時まで勉強しなければなりません」（動作の終了時）

実戦9　手　紙　文

Step B　解答　　　本冊 ▶ p.50～p.51

(1)　エ

(2)　ウ

(3)　私は持っていた地図と身振りを使って彼に道を教えました。

(4)　ロンドンで自分のような外国人に道をたずねる人がいるとは思わなかったから。（36字）

(5)　words／gestures

(1) 直前に，店員が袋を見せながら同じ言葉を繰り返したが，亜矢には聞き取れなかったと書かれている。

(2) 聞き取れなかった言葉をノートに書いてもらい，それを声に出して読むというホストマザーの考えを試して，彼女の考えが正しかったと書かれているので，この内容に合うものを選ぶ。

(3) did so は直前の tell him the way のこと。with は「〜を使って」の意味。map の後ろに目的格の関係代名詞が省略されている。

(4) 直後の文を参照。

(5) 直前の文を参照。

〔全訳〕

10月6日

親愛なるスミス先生へ

お元気ですか。私が9月に日本を出発して，すでに1か月が過ぎました。ホストファミリーは，とても親切です。彼らは私にゆっくりと話してくれますし，私の言うことを理解しようとしてくれます。学校では，私はまだ授業をあまりよく理解できません。しかし先生方はいつも私を手助けしてくれます。私は勉強したり友だちといっしょにスポーツをしたりして楽しんでいます。だから家や学校では，私はうまくやっています。しかし町では，私はよく英語で困ることがあります。

先週，私は家の近くの本屋に行きました。私が本を買ったとき，店員さんが私に話しかけました。彼は2，3語をとても早口で言い，私は彼の言うことを理解できませんでした。「何とおっしゃいましたか」と私は彼に言いました。彼は同じ言葉をもう一度言って，私に袋を見せました。しかし，私はそれでも彼の一言一言を聞き取れませんでした。だから私は何も言わないで，ほほえむだけでした。私は家に帰ったあと，ホストマザーにこのことについて話しました。彼女によれば，店員さんたちは私たちが物を買うと，たいてい「袋が必要ですか」と言います。しかし時には，「袋，いる？」とだけの言い方をします。その後，私は彼女から英語の練習の仕方を学びました。彼女は「あなたが聞き取れない言葉を聞いたときは，その言葉をあなたのノートに書いてくれるようその人に頼むべきです。それなら，あなたはノートのその語を何回も声に出して読むことができます。こうすることによって，あなたはその言葉を言うことにも慣れるし，聞くことにも慣れるでしょう」と言いました。私は彼女の考えを次の日に試しました。彼女は正しかったのです。だから自分が聞き取れない言葉でノートを作ることがとても役に立つとわかります。

今日，私は町のお店に行きました。私が通りを歩いていたとき，1人の外国人が「駅はどこですか」と私にたずねました。私が彼に道を教えることは難しかったですが，持っていた地図と身振りを使ってそうしました。私はほほえみ，彼とコミュニケーションをとれてうれしかったのです。実際，彼が私に道をたずねてきたとき，私はとても驚きました。ロンドンで私のような外国人に，人が道をたずねると思わなかったのです。しかし，さまざまな国から来た多くの人たちがいっしょにここで暮らしているので，外国人が英語でコミュニケーションをとることは当然なのです。

ロンドンで，私は今もまだ言葉で困ることがあります。しかし，生活の中でコミュニケーションをとることは必要であり興味深いです。自分が学んだ言葉を使ったり，身振りのようなほかの方法を使ったりすることは大切です。これらの2つのことはコミュニケーションをよりよくしてくれるでしょう。

またお手紙を書くつもりです。日本での生活を楽しまれますように。

敬具

亜矢より

語句

第1段落 l. 1 pass 過ぎる　l. 4 trouble 困ったこと
第2段落 l. 1 clerk 店員　l. 9 idea 考え　l. 9 right 正しい
第3段落 l. 2 with a map 地図を使って　l. 3 have communication with 〜 〜とコミュニケーションをとる

英文の大きな流れ

第1段落…1か月間のロンドン生活はほぼ順調だが，町では英語で困ることがある
↓
第2段落…書店での体験をふまえ，ホストマザーが提案した勉強法が成功
↓
第3段落…町で駅への道をたずねられ，身振りを交えて伝えることに成功

↓

第４段落…言葉での苦労は続くものの，学んだ単語と身振りで対応することが大切

↓

第５段落…スミス先生が日本滞在を楽しんでいることを期待

🔵 構文の研究

第２段落 l. 6 〜 l. 7 you hear words you cannot catch

words と you の２つの名詞が連続し，さらにそのあとに続く動詞の目的語が欠落しています。このような形が出てきたときは，目的格の関係代名詞が省略されています。関係代名詞を補うと，you hear words which[that] you cannot catch となります。

Please show me the book you bought. 「私にあなたが買ったその本を見せてください」

→ the book のあとに which[that] が省略されていると考えます。

This is the girl he talked with. 「こちらは彼が話した少女です」

→ the girl のあとに that が省略されていると考えます。

第２段落 l. 8 〜 l. 9 you will get used to saying the words and listening to them

and は等位接続詞と呼ばれますが，対等接続詞とも呼ばれます。文字通り左右を「対等」につなぎます。下記の英文で何と何をつないでいるかを考えてみましょう。

I like tennis and baseball.

You like tennis and play it.

He studies English in his room and the library.

Hurry up, and you will catch the bus.

〈答え〉

I like tennis and baseball.

You like tennis and play it.

He studies English in his room and the library.

Hurry up, and you will catch the bus. 「急ぎなさい，そうすればあなたはバスに乗れるでしょう」

実戦10 物 語 文

Step B　　解答

本冊 ▶ p.52 〜 p.53

⑴　found [discovered]

⑵　Because she saw her name on it. [Because her name was on it.]

⑶　イ

⑷　エ

解説

⑴　１人の女性が家でなくした結婚指輪が，娘の釣った魚の中にあったという流れから，過去分詞の found か discovered を入れて，「発見された」という意味にする。

⑵　「ナンシー・スミスさんは，魚の胃の中の指輪が自分のものであるとなぜ信じたのですか」という質問。インタビューでメアリーの最初の発言に「母が指輪にある彼女の名前を私に見せたときは，本当に驚きました」とある。

⑶　「謎を説明することのできる」を意味するイを選ぶ。

⑷　ア　メアリーは現在13歳なので，両親がフォレスト湖の湖畔に暮らし始めた2000年にはまだ生まれていない。

　　イ　ナンシーは指輪をなくしてすぐに探すのをやめたとあるので矛盾する。

　　ウ　娘が指輪をなくしたという記述はない。

〔全訳〕

フォレスト湖の謎

フォレスト中学校　モニカ・ブラウン

ある婦人が2012年になくした結婚指輪が３年後に魚の胃の中から発見されました。

　ナンシー・スミスさんは夫のジョン・スミスさんとフォレスト湖の東側に2000年以来15年間暮らしていましたが，2012年に彼女が家にいるときにジョンさんからもらった結婚指輪をなくしました。彼女はそれを探しましたが，それを見つけることができませんでした。彼女がそれをなくして約３年後，2015年７月23日に娘のメアリー・スミスさんが朝早く湖に魚釣りに行って，３匹の魚を釣りました。メアリーさんは家族の朝食のためにそれらを持って家に帰りました。そして，ナンシーさんが３匹の魚のうちの１匹を調理し始めたときに，彼女はその魚の胃からなくした結婚指輪を取り出しました。「ジョンと私はとても驚きましたが，私の指輪が見つかってうれしかったです。私たちはそれを

なくしたあとすぐに探すのをあきらめていたからです。その指輪がどのようになくなり、魚に食べられたのか私にはわかりません。それは謎です」とナンシーさんは言いました。

メアリー・スミスさんへのインタビュー
（ナンシーさんの娘、13歳）

記者：7月23日のことについて教えてください。あなたはフォレスト湖にはよく魚釣りに行くのですか。

メアリー：はい、私はそこで魚釣りをするのが好きです。その日、私は魚釣りによい場所として知られているので、湖の西側の橋に行きました。たった30分で、私は3匹の大きな魚を釣り、それらは私たちの朝食には十分だろうと思いました。私は魚釣りをやめてその魚を持って家に帰りました。母がそれらを調理し始めてすぐに突然彼女が「まあ！　私の指輪が魚の中から出てきたわ！」と言いました。母が指輪にある彼女の名前を私に見せたときには、私は本当にびっくりしました。

記者：それは本当に謎ですね。

メアリー：ここに私がその朝に撮った写真があります。

記者：わあ！　その魚がその謎を説明できる唯一の物かもしれませんね。

メアリー：はい、でも…私たちはそれを全部食べてしまいました。

記者：ああ、私たちは謎の手がかりをなくしました！

語句

（前半）l. 3 lose ～をなくす（過去形は lost）　l. 4 husband 夫　l. 4 side 側
（インタビュー）l. 5 be known as ～ ～として知られている　l. 6 stop ～ing ～することをやめる　l. 7 suddenly 突然

英文の大きな流れ

（前半）

・　夫とフォレスト湖の東側に暮らすナンシー・スミスさんが、家でなくした結婚指輪を娘の釣った魚の中から発見する。

（インタビュー）

・　湖の西側で娘が朝食用に釣った魚の中から、母の結婚指輪を発見。その魚の写真はあるものの、すでにそれを食べたので謎解明の手がかりは存在せず。

！ 構文の研究

（前半）l. 6 ～ l. 7 her daughter, Mary Smith, went fishing in the lake

go ～ing で「～しに行く」の意味を表します。go shopping「買い物に行く」go camping「キャンプに行く」go hiking「ハイキングに行く」などがよく出題されますが、これに続く前置詞が重要です。to ではなく、その行為が行われる場所を示す前置詞が用いられます。

He went shopping at the store.「彼は店に買い物に行きました」
We went camping in the mountain.「私たちは山にキャンプに行きました」

（前半）l. 9 ～ l. 10 we gave up looking for it

動詞の中には目的語に動名詞しかとれないものがあります。

finish ～ing「～することを終える（～し終える）」
enjoy ～ing「～することを楽しむ（楽しんで～する）」
stop ～ing「～することをやめる」
give up ～ing「～することをあきらめる」

難関高校では mind ～ing「～することを気にする」や avoid ～ing「～することを避ける」なども出題されます。

実戦11　メ ー ル 文

Step B　解答　　　　本冊 ▶ p.54 ～ p.55

(1)　イ
(2)　(That) sounded interesting but I didn't understand what he meant (.)
(3)　ア，ウ，オ
(4)　ア，ウ

解説

(1) スミス教授のEメールの第1段落 l. 2 ～ l. 3で、写真家の話に同意したうえで「太陽と地球についての多くの興味深いことをオーロラが私たちに教えてくれる」と述べている。

(2) 語群に didn't があるので understand とつなげ、目的語の部分に疑問詞で始まる節（間接疑問）を続ける。sounded は「～のように聞こえた」の意味。

(3) アラスカでオーロラを見ることが困難な条件を選ぶ問題。スミス教授のEメールの第3段落で，明るいこと(bright)と曇っていること(cloudy)がその条件として述べられているので，これらを含む選択肢を選べばよい。

(4) ア　写真家はオーロラに関するウェブサイトについては話していない。
　　ウ　スミス教授はオーロラの粒子の発生源が太陽だと述べているので矛盾する。

〔全訳〕

宛先　：ジェームズ・スミス
送信者：ホシノ・カズキ

親愛なるスミス教授へ，

　私の名前は一輝です。日本の高校生です。私はインターネットでオーロラについての情報を探しているとき，あなたのウェブサイトを見つけました。私はオーロラに関するあなたの研究について知りたいのでEメールを送ります。

　先週，プロの写真家が私たちの学校を訪れて，私たちに特別な授業をしてくれました。彼はオーロラの美しい写真と動画を私たちに見せて，アラスカでの自らの経験を話してくれました。彼は，オーロラは世界で最も美しい現象で，一生に少なくとも一度はそれを見るべきだと言いました。私は地球からの風でカーテンのように動いているオーロラの美しい動画に感動しました。

　授業で，オーロラは太陽からのメッセージであると彼は言いました。それはおもしろそうでしたが，私は彼が何を意味しているのかわかりませんでした。オーロラは暗やみの中で見られるので，太陽ではなく，星の光から起こる現象であると私は思っていました。アラスカではいつオーロラを見ることができるのですか。

　もしあなたに私のEメールに答える時間がありましたら，うれしく思います。読んでいただきありがとうございます！

宛先　：ホシノ・カズキ
送信者：ジェームズ・スミス

こんにちは，一輝，

　Eメールをありがとう。私はあなたがオーロラに興味を持ってくれてとてもうれしいです。あなたはオーロラが太陽からのメッセージであると聞きました。はい，その通りです。それは私たちに太陽と地球についての多くの興味深いことを教えてくれます。オーロラは太陽から地球まで約3日間かけてやってくる粒子で作られているのです。だから私たちはオーロラが太陽の一部であると言うことができます。それらが大気圏に入ると，それらは光を放ちます。オーロラは粒子の光から起こる現象です。

　あなたはオーロラが地球からの風で動いていると考えていますが，実はそれは正しくありません。オーロラのそれぞれの粒子の光が点滅しているだけなのです。それぞれの電球は動かないが，動いている言葉や絵を表示する電光掲示板に似ています。そのために，オーロラは動くカーテンのように見えるのです。しかし，私たちがまだ知らないことがあります。オーロラにはたくさんの謎があります。これがオーロラのもう1つのおもしろい点です！

　オーロラの現象はほとんど毎日起こりますが，いくつかの条件のもとでは，アラスカでそれを見ることは難しいのです。ご存じのように，明るいときにそれを見ることができません。また曇りの夜もオーロラを見るのによくありません。また寒い日にだけオーロラを見ることができると思っている人もいます。実際，冬の晴れた日はたいてい寒いので，寒い日にオーロラが見られることが多いのです。しかし，暖かい日にもそれを見ることができます。

　私はオーロラを研究している日本人の科学者を知っています。彼は学生たちもいくつかの日本の高校や大学でオーロラを研究していると言っていました。私はあなたがオーロラについてたくさん勉強して，将来あなた自身の目でそれを見るためにアラスカを訪れることを願っています。

語句

(一輝のEメール)
第1段落 l. 1 look for ～ ～を探す　l. 1 information 情報
第2段落 l. 1 special 特別な　l. 2 experience 経験
l. 4 be moved 感動する
第3段落 l. 3 in the dark 暗がりの中で

(スミス教授のEメール)
第1段落 l. 3 be made from ～ ～でできている
第2段落 l. 3 because of ～ ～のせいで　l. 3 look like ～ ～のように見える
第3段落 l. 1 happen 発生する　l. 2 as you know ご存じのように　l. 5 warm 暖かい
第4段落 l. 3 with your own eyes あなた自身の目で

（一輝の E メール）

第1段落…日本人高校生の一輝が，オーロラの研究者であるスミス教授にメールを送信

↓

第2段落…プロ写真家によるオーロラについての授業に一輝は感動

↓

第3段落…オーロラは太陽からのメッセージという写真家の話に一輝は疑問

↓

第4段落…スミス教授からの返信メールを希望

（スミス教授の E メール）

第1段落…写真家の話を説明。オーロラは太陽から放出された粒子の発光による現象

↓

第2段落…オーロラの動きは風によるのではなく，粒子の点滅による

↓

第3段落…明るいときや曇りの日はオーロラを見るには不適

↓

第4段落…教授の知人の日本人研究者の話と，一輝のアラスカ訪問を奨励

🛡 構文の研究

（一輝の E メール）第3段落 l.3 the aurora can be seen in the dark

助動詞を伴った受動態には注意が必要です。次の例からしっかりと理解しましょう。

He does the work.「彼はその仕事をします」

→ The work is done by him.「その仕事は彼によってされます」

He must do the work.「彼はその仕事をしなければなりません」（助動詞 must が追加）

→ The work <u>must</u> be done by him.「その仕事は彼によってされなければなりません」

どんな助動詞であっても，直後の be 動詞は原形の be になります。

（スミス教授の E メール）第3段落 l.1 The phenomenon of the aurora happens almost every day

almost は「ほとんど」という意味を覚えるだけでは不十分です。例えば「ほとんどの生徒は徒歩で通学します」を almost を用いた英文で表してみましょう。

Almost students walk to school. は不正解です。理由は almost が副詞なので，直接名詞の students を修飾できないからです。正解は次の2つです。

Almost all the students walk to school.

Almost every student walks to school.（主語が単数なので動詞は walks とすることに注意）

名詞を修飾する形容詞（all, every）を直後に置く必要があります。

実戦12 物 語 文

Step B　解答　本冊 ▶ p.56 ～ p.57

(1)　ウ

(2)　男の子が長い間何かを探していたから。

(3)　(例)Shall I take some pictures of you?

(4)　少年はとても幼かったが，母親を助けるためにどんなことでもしようとしていたから。

(5)　写真を撮る手助けをしてくれたことと，サンライズ・シェルをくれたことに対するお礼とお返しをしたかったから。

(6)　you happy

(7)　イ，エ

解説

(1) 第1段落 l.1～l.2 の with 以下を参照。

(2) 第1段落 l.3 の because 以下を参照。

(3) 返答の Yes, please. を手がかりに，提案を表す英文を書く。

(4) 文頭の So は因果関係を示す接続詞なので，直前の文の内容をまとめる。

(5) 第3段落 l.3～l.4 を参照。

(6) キャシーが渡したサンライズ・シェルで2人が幸せになった点と，文末の too をヒントにする。

(7) ア　キャシーが決して海岸に行かないという記述はない。

　ウ　マイクの母が2か月間自宅療養していたという記述はない。

　オ　キャシーがマイクに自分の母の写真をあげたという記述はない。

　カ　キャシーが病院でマイクと彼の家族の写真を撮ったという記述はない。

〔全訳〕 私はキャシーで，海の近くに住んでいます。私は
よく海岸に行きます。ある日，赤い野球帽と黄色いTシャ
ツを着た小さな少年が，カメラを持ってひとりで海岸を歩
いていました。私は彼が5歳か6歳だと思いました。彼が
長い間何かを探していたので，私は「大丈夫ですか」と彼に
たずねました。彼は「お母さんは海が大好きなんだけど，病
気で入院していて海を見に来ることができないんだ。だか
らぼくは海の写真を何枚か撮って，見せてあげたいんだけ
ど，写真を撮るのにいちばんいい場所がわからないんだ」と
言いました。私は「わかったわ。いい場所を知っているの。
あの大きな岩が見える？　そこまで歩きましょう」と言いま
した。彼の名前はマイクでした。私たちはそこまで歩き，
その大きな岩に登りました。

　マイクはすばらしい眺めを見たとき，とてもうれしそう
に見えました。だから私もうれしくなりました。それから
マイクは海の写真を数枚撮りました。私は彼に「あなたの写
真を撮りましょうか」と言いました。彼は「うん，お願い」と
言いました。それで私は彼の写真を数枚撮りました。私た
ちが岩から降りたとき，私は「あなたのお母さんが写真を楽
しんでくれて，すぐによくなるといいわね」と言いました。
彼は歩くのをやめて私を見ました。それから，彼は「ありが
とう」と言いました。彼はほとんど泣きだしてしまいそうで
した。彼はとても小さな少年ですが，自分の母親を助ける
ために何でもやろうとしていました。だから私は彼にもう
1つしてあげたかったのです。私は私の小さなカバンを開
けて，そこからいくつかの「サンライズ・シェル」を取り出し，
「これをあなたとあなたのお母さんに。幸運を呼ぶのよ。私
はあなたとあなたのお母さんにこれらの貝殻を持っていて
ほしいの」と言いました。彼はとてもうれしそうに，「どう
もありがとう。お母さんに渡すよ」と言いました。

　1か月後，私は海岸に座って海を見ていました。私は2
人の人を見ました。その2人はマイクと彼の母親でした。
彼の母親は元気そうで，マイクはとてもうれしそうでした。
マイクの母親は私に「息子を助けてくれて本当にありがと
う。あの写真とサンライズ・シェルのおかげで，私は元気
になりました。私たちはあなたを探していたんです。私た
ちはプレゼントを持ってきました」と言いました。マイクが
私に小さな箱をくれました。私は「ありがとう」と言いまし
た。私はその箱を開けてとてもうれしくなりました。その
箱の中には，美しいペンダントと1枚のカードがありまし
た。

　そのカードには次のように書いてありました。

キャシーさんへ，

　どうもありがとうございました。ぼくはあなたにも
らったサンライズ・シェルの1つでこのペンダントを作
りました。

　ぼくはこれがあなたも幸せにしてくれることを願って
います。

　　　　　　　　　　　　　　　　　　マイクより

語句

第1段落 l. 2 alone ひとりで　l. 3 look for 〜 〜を探
す　l. 4 sick 病気の　l. 4 hospital 病院
第2段落 l. 1 view 眺め　l. 3 get well 元気になる

英文の大きな流れ

第1段落…海の近くに住むキャシーが写真の撮影場所を探すマイクと出会う

↓

第2段落…キャシーが案内した岩の上で写真を撮り，別れるときにサンライズ・シェルを渡す

↓

第3段落…1か月後キャシーを探していたマイクと彼の母親に会い，ペンダントをもらう

↓

第4段落…ペンダントといっしょにもらったメッセージの内容

構文の研究

第1段落 l. 4 〜 l. 5 I want to take some pictures
of the sea
take は「(写真)を撮る」以外にたくさんの意味を持
つので注意しましょう。
My father takes me to the shop. 「私の父は私を
その店に連れて行ってくれます」
I took the bus for Nagoya. 「私は名古屋行きのバ
スに乗りました」
I will take it. 「それを買います」
How long does it take to go there? 「そこに行く
のにどれくらい時間がかかりますか」
第1段落 l. 6 Let's walk to it.
勧誘を表す表現はよく出題されます。次のように
書きかえることができます。

Why don't we walk to it?「そこまで歩きませんか」

How[What] about walking to it?（walking は動名詞）「そこまで歩くのはどうですか」

What do you say to walking to it?（walking は動名詞）「そこまで歩くのはどうですか」

実戦13　グラフを扱った文

Step B　　**解答**　　　　本冊 ▶ p.58 ～ p.59

(1)　① エ　② エ

(2)　肉牛のえさであるトウモロコシを育てるのにたくさんの水が必要だから。

(3)　ア，エ

解説

(1) ① 第1段落で日本の豊かな水資源について説明したあとに，however「しかしながら」と逆接の接続詞を用いているので，反対の内容になる。

② 直後の「バーチャルウォーター」と第4段落の具体例を参考にする。

(2) 第6段落の最後の2文をまとめる。

(3) イ　牛丼1杯の方が上回るので矛盾する。

ウ　40パーセントではなく，60パーセントである。

オ　水を輸出すべきだという記述はない。

〔全訳〕 日本にはたくさんの水があります。みなさんは簡単に水を飲んだり使ったりすることができます。富山ではたくさんの雪が降り，たくさんの山や川があります。みなさんはいつもきれいな水を飲むことができます。

しかしながら，世界を見ると，飲むための水は十分ではありません。世界の多くの人々がきれいな水を持っていません。世界のいくつかの地域では，食料を育てるための水は多くはありません。ほかの国との間に水問題をかかえてきた国もいくつかあります。

世界の多くの人々は水をたくさんは持っていませんが，日本は今，世界のほかの地域から多くの水を輸入しています。みなさんがこれを聞くと，ほかの国から運ばれるペットボトルに入った水を思いつくかもしれません。確かに，多くのボトル入りの水が日本に輸入されていますが，日本はあなたたちが見えない水も輸入しています。この水は「バーチャルウォーター」と呼ばれます。

例えば，もしみなさんが日本で1キログラムのトウモロコシを育てたければ，およそ1,800リットルの水を必要とします。しかし，もしみなさんが海外から1キログラムのト

ウモロコシを輸入すれば，みなさんはその量の水を日本で使う必要はないのです。だからトウモロコシがほかの国から輸入されると，みなさんはそれらの国の水を使っていることになるのです。

牛丼のバーチャルウォーターの量を考えてみましょう。牛丼は牛肉と米といくつかのほかの種類の食べ物からできています。下のグラフを見てください。もしみなさんが1杯の牛丼のバーチャルウォーターの量を知りたければ，それぞれの種類の食べ物のバーチャルウォーターをすべて考えなければなりません。1杯の牛丼は約1,900リットルのバーチャルウォーターを必要とします。このグラフでは，牛肉が重量で牛丼1杯のおよそ33パーセントであるとみなさんは気づくでしょう。牛肉のバーチャルウォーターはどうでしょうか。牛肉のバーチャルウォーターの量は，牛丼のバーチャルウォーターのおよそ76パーセントです。

ハンバーガーのバーチャルウォーターはどうでしょうか。もしみなさんがハンバーガーを作れば，みなさんは牛肉とパンとその他の種類の食べ物が必要です。それはおよそ1,000リットルです。そして牛肉のバーチャルウォーターの量は，ハンバーガーのバーチャルウォーターの量のおよそ93パーセントです。あなたはなぜ牛肉がそんなに多くのバーチャルウォーターを必要とするかを知っていますか。肉牛はたくさんのトウモロコシを食べるので，トウモロコシを育てるために多くの水が必要です。だからたくさんのバーチャルウォーターが牛肉には必要なのです。

日本人が食べる食料の約60パーセントは輸入されます。これはたくさんのバーチャルウォーターも輸入されることを意味します。1年間に輸入されるすべてのバーチャルウォーターの量は，1年間に日本で使われる水の量とほとんど同じです。

日本人は世界の水の多くを「食べている」と言うことができます。しかし世界には，食料を育てるのに十分な水がない国があります。日本は将来，この量のバーチャルウォーターを輸入できるでしょうか。その答えは「いいえ」でしょう。世界では人口が増え，より多くの水が彼らの食料を育てるために必要とされるだろうからです。私たちは世界の水問題を忘れてはなりません。

語句

第1段落 1.1 easily 簡単に　1.2 clean きれいな

第2段落 1.1 however しかしながら　1.2 part 地域

1.3 problem 問題

第5段落 1.2 below 下の　1.3 bowl どんぶり

第6段落 1.1 hamburger ハンバーガー

第1段落…水の豊かな日本，そして富山県

↓

第2段落…世界的には水不足で，他国との間に水問題を抱える国も存在

↓

第3段落…日本はペットボトルに入った水以外にバーチャルウォーターを輸入

↓

第4段落…日本で1キロのトウモロコシを育てるのに1,800リットルの水が必要だが，輸入品なら不要

↓

第5段落…牛丼1杯に1,900リットルのバーチャルウォーターが必要だが，重量の33パーセントを占める牛肉が，バーチャルウォーターの量の76パーセントを占める

↓

第6段落…ハンバーガー1つでも1,000リットルのバーチャルウォーターが必要。肉牛のえさのトウモロコシの栽培に水が必要であるため

↓

第7段落…日本の食材の60パーセントは輸入され，1年間でそれに使用されるバーチャルウォーターの量は日本で1年間に消費される水の量とほぼ同じ

↓

第8段落…世界の人口増加に伴い，日本の現状は継続不可

構文の研究

第3段落 l. 3 It is true that many bottles of water are imported to Japan, but Japan also imports the water

文頭の it は that から to Japan を指す形式主語です。It is true that ～ , but ... は，意訳すると「なるほど～だが…」とも訳せます。「～」の部分を認めつつ，「…」の部分に筆者の主張が述べられる重要な表現です。

第5段落 l. 1 ～ l. 2 *Gyudon* is made of beef, rice, and some other kinds of food.

be made を含む受動態には3つの頻出表現があり

ます。

The desk is made of wood. 「その机は木で作られています」（wood は材料）

Cheese is made from milk. 「チーズは牛乳から作られます」（milk は原料）

Milk is made into cheese. 「牛乳はチーズに作りかえられます」（cheese は製品）

実戦14 説 明 文

Step B 解答　本冊 ▶ p.60 ～ p.61

(1) ウ

(2) 飼い主が家に帰ってイヌに会えてうれしがっているとき，イヌはうれしくて尾を速くふること。

飼い主が泣いているとき，ネコがそばに来て飼い主を元気づけようとすること。

飼い主が悲しんでいるとき，イヌも悲しそうに見えること。

(3) ウ

(4) クマ

(5) イ

(6) 互いに理解し，考えを共有しようとするべきである。

(7) ① They like to go to a zoo.

② No, it didn't.

③ Because they had a good time together again.

解説

(1) 第6段落のネコが動物園に現れた文のあとに入れる。

(2) this や these は前述の内容を指すことが多い。直前の3文の内容をまとめる。

(3) 驚いた原因は to 以下の内容で，その具体的な内容は直前の2文に書かれている。

(4) 主語の it はネコを指すので，「その友達」はクマだとわかる。

(5) 前後の「理由はわからないが，異なる種類の動物は幸せに暮らせるのである」という内容に着目する。

(6) 第8段落の l. 5 ～ l. 6 を参照。

(7) ① 第2段落の l. 2 を参照。

② 第6段落の l. 3 を参照。

③ 第7段落の l. 5 を参照。

〔全訳〕 私たちの周りにはたくさんの人々がいます。同じ考えを持つ人々もいれば，異なる考えを持つ人々もいます。異なる考えを持つ人々と友達になることは難しいでしょうか。動物たちがこの疑問に対するいくつかの答えを持っているかもしれません。

　人々は長い間いくつかの動物たちと仲よくやってきました。ペットとして家で動物を飼っている人もいます。多くの子供たちは動物を見るために動物園に行くのが好きです。

　「動物たちはときどき人間のように見えます」という人もいます。あなたは同意しますか。また「動物は悲しんだり，ほかの動物を愛したりすることもできます」という人もいます。あなたはそれを信じますか。あなたは信じないかもしれませんが，いくつかの例があります。

　例えば，イヌは飼い主が帰宅してそのイヌを見てうれしいときに，イヌはうれしくてしっぽを速くふります。飼い主が泣いているとき，飼い主のところに来て飼い主を元気づけようとするネコを見たことがありますか。飼い主が悲しいときに悲しそうに見えるイヌはどうですか。これらは動物たちが人と感情を共有していることを示す例のうちのいくつかです。

　次の話は，2つの異なる種類の動物間のよい関係を示す一例です。それはある動物園のクマとネコについてです。

　そのクマは動物園で生まれ生涯そこで暮らしました。ある日，1匹のネコが動物園にやって来ました。誰もそのネコがどこから来たのか知りませんでした。そのネコはクマのおりに入りました。ネコとクマがお互いを見たとき，ネコはクマのところに歩いて行きました。ネコはクマを怖がらず，クマはネコを襲いませんでした。彼らは友達になりました。彼らはいっしょに同じ食べ物を食べました。彼らはいっしょに眠りました。人々はその大きい動物と小さい動物の間の関係を見て驚きました。動物園の職員の1人は「2つの異なる種類の動物の間で，そのようなよい関係を見ることは普通ではありません。この動物園を訪れる人々は彼らを見るのが好きです」と言いました。

　ある日クマは自分のおりから移されました。そのおりは古かったので，職員たちはそれを直さなければならなかったのです。クマがある建物のある場所に移されたあと，ネコはおりの周りを歩きクマを探しましたが，自分の友達を見つけることはできませんでした。ようやく職員たちがおりの修理を終えて，クマを新しいおりに移しました。ネコもまたそのおりにやって来ました。そのネコは再びそのおりに出入りすることができました。クマとネコは再びいっしょに楽しく過ごしたので，彼らは幸せそうでした。

　みなさんはこれらの2つの異なる種類の動物が，そのよ

うなよい友達になったことを信じないかもしれません。私たちはなぜクマとネコが争うことなく，いっしょに楽しい時を過ごしたのかはわかりませんが，これらの動物たちから何かを学ぼうとすることは重要です。異なる種類の動物たちはいっしょに幸せに暮らせるのです。だから私たちもまた世界の多くの人々といっしょに幸せに暮らせるのです。異なる考えを持つ人もいれば，異なる言語を話す人もいるので，みなさんはそれが簡単でないと思うかもしれません。彼らとよい関係を持つために，私たちはお互いを理解し私たちの考えを共有しようとするべきです。私は，私たちがそのクマとネコのようにいっしょに幸せに暮らせることを望んでいます。

語句

第1段落 l. 2 different 異なる
第2段落 l. 2 as ～ ～として　l. 2 zoo 動物園
第3段落 l. 1 agree 同意する　l. 3 example 例
第4段落 l. 4 share ～を共有する
第7段落 l. 3 finally ついに，ようやく

英文の大きな流れ

第1段落…考えの異なる人とのつき合い方は動物に答えがある

↓

第2段落…人と動物とのかかわり

↓

第3段落…動物は悲しみ，ほかの動物を愛する

↓

第4段落…イヌやネコの人との感情共有の例

↓

第5段落…動物園のクマとネコの例

↓

第6段落…動物園のクマのおりに入ったネコとクマのよい関係

↓

第7段落…クマとネコはおりの修理のために一時会えなかったが，おりの修理が終わると再びいっしょに過ごす

↓

第8段落…私たちも仲のよいクマとネコのように，互いを理解し考えを共有して幸せに暮らせることを願う

<table>
<tr><td>

構文の研究

第1段落 l. 2 ～ l. 3 Animals may have some answers to this question.

推量を表す助動詞には次のものがあります。

He <u>may</u> be young. 「彼は若いかもしれません」

He <u>must</u> be young. 「彼は若いにちがいありません」

He <u>can't</u> be young. 「彼は若いはずがありません」

第6段落 l. 2 the cat and the bear saw each other

「お互い」を意味する表現は2つあります。

We understand <u>each other</u>. （2人）

We understand <u>one another</u>. （3人以上）

</td></tr>
</table>

実戦15 会 話 文

Step B　　　**解答**　　　本冊 ▶ p.62～p.63

(1) ① happy　②・④ see

(2) ウ

(3) ii イ　iii ア

(4) エ

解説

(1) ①「アンケートでいちばん多くの生徒たちが言っているように」とあるので，25人の生徒が回答した内容を答える。

②・④ ④には「見る」という意味の語が入るとわかる。see を入れると，②を含む文でも I see.「わかりました」という表現になり，会話の流れに合う。②の前後で話題が共通している点に着目する。

(2) l. 21 の that is one of the reasons をヒントに理由をたずねるウを選ぶ。

(3) l. 24 から i と ii に猫か犬が入り，l. 18～l. 19 から i が犬だとわかる。l. 9 から大樹のクラスに3人の魚の飼い主がいるので，iv は魚で，iii が鳥だとわかる。

(4) ア　アンナは猫の飼い主の方が多いと考えていたので矛盾する。

イ　アンナが大樹の魚を見るのが好きという記述はない。

ウ　大樹がアンケートで友達になったのはアンナのクラスの魚の飼い主なので矛盾する。

〔全訳〕

アンナ：こんにちは，大樹。あなたは何を見ているの？

大樹：やあ，アンナ。ペットについてぼくが行ったアンケートの結果を見ているところだよ。

アンナ：まあ，見てもいい？

大樹：もちろん。ぼくのクラスと君のクラスには，鳥や猫や犬や魚を家で飼っている生徒がいるんだ。ペットを飼っている生徒はみんなぼくの質問に答えたんだよ。

アンナ：あなたはペットを飼っているの，大樹？

大樹：うん，ぼくは数匹魚を飼っているよ。ぼくは5年間それらの世話をしているんだ。

アンナ：それはいいわね。

大樹：ほかの魚の飼い主の2人はぼくのクラスにいて，彼らはぼくの友達なんだ。ぼくは君のクラスの魚の飼い主を知らなかったけど，このアンケートを通してぼくたちは友達になったんだ。

アンナ：それはよかったわ。あなたは魚を飼うことを楽しんでいるの？

大樹：魚の世話は簡単ではないけど，ぼくは魚たちと暮らすことを楽しんでるよ。ぼくは水中を泳いでいるぼくの魚を見るのが本当に好きなんだ。アンケートでいちばん多くの生徒たちが言ってるように，ぼくはペットといっしょにいると幸せなんだ。

アンナ：私もそんな生徒の1人よ。私は猫を飼っていて，彼女はとてもかわいいの。私の家族はその猫について話して楽しんでるわ。それもペットといっしょに暮らすいい点の1つね。

大樹：なるほど。ペットはぼくたちがコミュニケーションをとるのに役立つときがあるとぼくは思うよ。

アンナ：大樹，私のクラスでは，犬の飼い主よりも猫の飼い主の方が多いと私は思っていたの。でもそれは正しくないわね。なぜ犬は生徒たちの間でそんなに人気があるの？

大樹：よくわからないけど，ぼくたちのクラスで犬といっしょに暮らしている生徒はみんな，ペットといっしょに散歩を楽しめると言ってるよ。たぶんそれが理由の1つじゃないかな。

アンナ：ああ，わかったわ。私はときどき通りで犬を連れて歩いている人たちを見るけど，それは楽しそうだもの。

大樹：ぼくのクラスでは，犬の飼い主と猫の飼い主は同じ人数だよ。君は猫といっしょに何をするの？

アンナ：私は猫といっしょに遊んで楽しむわよ。私は毎日彼女といっしょに本当に楽しく過ごしているわ。でも，私は彼女が病気だとわかると心配になるわ。ほかの19人

の生徒たちと私がアンケートで言っているように，ペットを飼うことで私たちは命が大切だとわかるわ。

大樹：そうだね。ペットはぼくたちの友達で，家族の一員だとぼくは思うよ。

語句

l. 7 take care of ～ ～を世話する　l. 10 through ～ ～を通して　l. 13 as ～ ～であるように　l. 15 cute かわいい　l. 16 point 点　l. 20 sure 確信して　l. 21 maybe たぶん

英文の大きな流れ

- 大樹が行ったペットに関するアンケートにアンナが興味を持つ

↓

- 大樹は魚を飼っており，最も多くの生徒と同様に幸せを実感

↓

- アンナは猫を飼っており，ペットが家族間での話題になるのがよいという意見

↓

- 犬の飼い主は全員が犬との散歩を満喫

↓

- 大樹のクラスでは犬と猫の飼い主の数は同じ

↓

- アンナは猫と暮らすことで命の大切さを実感

構文の研究

l. 18 there were more cat owners than dog owners
many と much の比較級や最上級は注意が必要。
原級：many / much　比較級：more　最上級：most

l. 24 there are as many cat owners as dog owners
as ～ as ... を用いた同等比較には，「～」の部分に〈形容詞＋名詞〉が入る場合があります。
〈例〉I have three friends in Tokyo. ⇔ Ken has three friends in Tokyo.
→ I have as many friends as Ken in Tokyo. 「私は東京にケンと同じ数の友達がいます」

実戦16　スピーチの文

Step B　　解答　　　本冊　▶ p.64 ～ p.65

(1)　ウ
(2)　エ
(3)　イ
(4)　ア
(5)　① No, doesn't　② keep, eggs
(6)　ウ，エ

解説

(1) 第 1 段落の l. 3 ～ l. 4 を参照。
(2) 渡り鳥の定義は，第 3 段落の l. 2 ～ l. 3 を参照。
(3) 直後に「大声でさえずり始めた」とあるので，「驚いた」と判断できる。
(4) 直後の文の because 以下を参照。
(5) ① 第 2 段落の l. 4 を参照。
　　② 第 7 段落の l. 3 ～ l. 4 を参照。
(6) ア　ツバメが日本で一年中見られるという記述はない。
　　イ　ツバメが日本に来る途中で迷うという記述はない。
　　オ　健は大学でツバメを研究することを志望しているので矛盾する。

〔全訳〕この写真を見てください。みなさんはこの写真の中に 4 種類の鳥を見ることができます。私はみなさん全員がこれらの鳥とその名前を日本語で知っていると確信しています。しかし，みなさんはそれぞれの鳥が英語で何と呼ばれるかを言えますか。最も大きい白い鳥は 'swan' で，この小さい白い鳥は 'dove' です。それからこの黒い鳥は 'crow' で，いちばん小さい鳥は 'swallow' です。

この写真の中で，みなさんはどの種類の鳥がいちばん好きですか。私はたいていのみなさんが，白鳥は湖でとても美しいのでそれを選ぶだろうと思います。みなさんの多くは，ハトが平和のシンボルとしてよく知られているので，それらがお気に入りの鳥だと言うでしょう。あるいはみなさんの中には，カラスはとても賢いので，それらが好きな人もいるかもしれません。私ですか。私はツバメがいちばん好きです。今日は私がなぜツバメが好きなのかをお話しします。

ツバメについて話す前に，私はみなさんに 1 つ質問をしたいと思います。みなさんはこれまでに「渡り鳥」について聞いたことがありますか。渡り鳥は毎年，季節によって世

界のある地域から別の地域へ移動する鳥です。実際，ツバメと白鳥は渡り鳥です。ご存じのように，白鳥は日本では秋と冬にだけ見られます。彼らは春には日本を離れて北へ飛んで行きます。しかしカラスとハトは，季節によって世界の1つの地域から別の地域へ移動しないので，渡り鳥ではありません。

それでは，なぜ私はツバメが好きなのか，今からみなさんにお話しします。

まず，ツバメはとても強いです。大人のツバメの平均的な大きさは約17cm です。ツバメはとても小さいですが，彼らの飛行スピードはときに時速200km 以上になります。日本に来るほとんどのツバメは，ふつう冬の間はより暖かい国々，例えばフィリピンやマレーシアやインドネシアにとどまっています。それはつまり，ツバメが日本に来るために2,000km 以上，また別の国に移動するためにさらに2,000km を1年の間に飛ばなければならないということです。みなさんはツバメがとても強いと思いませんか。

次に，ツバメはとても賢いです。私はツバメについて1冊の本を読みました。それには，ツバメは毎年，いつも同じ巣に戻って来ると書いてあります。想像してください！みなさんは迷うことなく海外の国にひとりで行くことができますか。ツバメは地図も旅行ガイドも持っていません。しかし，彼らは自分がかつて訪れた場所を覚えていて，同じ巣に戻って来ることができます。私はツバメがほかの国から日本に飛んで戻って来るときに，どのようにして同じ巣への道を見つけられるのかわかりません。ツバメには私たちにはない多くの特別な能力があると，私は信じています。彼らの能力の1つは，太陽と何か関係があると私は思います。みなさんは数年前の日食の間に，どのように空が変わったかを覚えていますか。夜の空のように突然，暗くなりました。そのとき，私の家の巣にいたツバメはパニックになり，とても大きな声でさえずり始めました。私は，彼らが何か奇妙なことが太陽に起こっていることに気づいたのだと推測します。

3つ目に，大人のツバメは自分たちの家族のためにとても熱心に働きます。みなさんの家にツバメの巣はありますか。もしあるのなら，数週間とても注意深くみなさんのツバメを観察してください。みなさんは，彼らがどれほど一生懸命に働くのかがわかるでしょう。ひな鳥が生まれる前に，大人のツバメは朝から晩まで，家族のために巣を作ろうとします。卵を産んだあと，彼らは一日中，卵を温め続けようとします。ひな鳥が卵からかえったあと，大人のツバメは自分たちのひな鳥を世話するために一生懸命働きます。彼らは巣を掃除し，ひな鳥にエサを与え，カラスのよ

うなほかの鳥から彼らを守ります。ひな鳥が成長すると，大人のツバメは彼らに飛び方を教えます。ひな鳥が巣立ったあとひとりで食べ物を手に入れるために，上手に飛ぶ必要があるので，それは大人のツバメにとって大切な仕事です。大人のツバメはとても一生懸命に働きます。みなさんもそう思いませんか。

実際，ツバメについては，まだわかっていないことがたくさんあります。だから私はツバメについてもっと学ぶために大学に行って，そのわからないことへの答えを見つけたいです。

【語句】

第1段落 l. 1 be sure that ～ ～だと確信する　l. 2 in Japanese 日本語で　l. 3 swan 白鳥　l. 3 dove ハト　l. 3 crow カラス　l. 4 swallow ツバメ

第2段落 l. 1 most of ～ たいていの～　l. 2 lake 湖　l. 4 clever 賢い

第3段落 l. 1 hear of ～ ～のことについて聞く

第6段落 l. 1 smart 賢い　l. 2 imagine 想像する　l. 2 foreign 海外の　l. 2 by yourself ひとりで　l. 3 get lost 迷う　l. 3 tour-guide 旅行ガイド　l. 4 return 戻る　l. 7 suddenly 突然　l. 9 loudly 大声で　l. 9 guess ～を推測する　l. 9 happen 起こる

第7段落 l. 2 a few 少しの，いくつかの　l. 7 alone ひとりで，独力で

第8段落 l. 1 college 大学

【英文の大きな流れ】

第1段落…健は写真の中の4つの鳥を紹介

↓

第2段落…健は美しさから白鳥がいちばん人気，平和のシンボルであるハトが人気だと予想。健はツバメがいちばん好き

↓

第3段落…ツバメと白鳥は渡り鳥

↓

第4・5段落…ツバメが好きな1つ目の理由は，温暖な国との行き来に年間4,000キロ以上を飛ぶその強さ

↓

第6段落…2つ目の理由は，毎年同じ巣に戻って来る賢さ。その能力は太陽に関係すると予想

ⓑ think about nature carefully
(5)　エ，カ

解説

(1)　① 第2段落の l. 1 と l. 3 を参照。
　　② 第5段落の l. 2 ～ l. 3 を参照。
(2)　第6段落の l. 6 を参照。
(3)　直前の内容を参照。
(4)　ⓐ 第5段落の l. 1 を参照。
　　ⓑ 第7段落の l. 5 を参照。
(5)　ア　鈴木さんが大樹に登山に行くように言ったわ
　　　　けではないので矛盾する。
　　イ　鈴木さんは高い山の危険な経験を話していな
　　　　いので矛盾する。
　　ウ　3人はときどき立ち止まって遠くの山を見た
　　　　ので矛盾する。
　　オ　剣山の保護に多くの人がかかわっているが，
　　　　大樹の父がその1人だという記述はない。

〔全訳〕　ある日私の父が「私は鈴木さんと剣山へ行くつもり
なんだ。彼は山登りが好きで，彼は夏の剣山はあまり経験
のない人々にとっても適していると言ってるんだよ。私た
ちは山に行ったことはないよね。いっしょに行こう」と言い
ました。私は「もちろん，それは楽しいだろうね」と答えま
した。

その日の朝はよい天気でした。私たちは山登りに必要な
ものは全部持ちました。私たちが出発するとき，鈴木さん
は「剣山は徳島でいちばん高い山です。天気が悪いときは，
夏でも危険です。私たちは幸運ですね。今日は山登りにとっ
て最高の天気です。出発しましょう！」と言いました。

すぐに私たちは森に入りました。私はそこで大きな木々
を見てわくわくしました。山の空気は涼しくて澄んでいま
した。空には完ぺきな青空がありました。私たちは遠くの
山々を見るためにときどき立ち止まりました。「今日はすば
らしい日になるだろう」と私は思いました。

「私はここを歩くのが本当に好きだよ」と父は言いました。
「すばらしい登山道のおかげであまり難しくないね。それに，
私たちに行き先を示す標識がたくさんある。心配する必要
はないね」と父は続けました。「多くの人々がこの山を手入
れしていると聞いています。それで，私たちはとても助かっ
ています」と鈴木さんは言いました。

約2時間後，私たちは頂上に着きました。すばらしい光
景がそこで私たちを迎えてくれました。私は幸せでした。
多くの人たちも，そこでその光景を楽しんでいました。私

↓

第7段落…3つ目の理由は，大人のツバメの懸命な
働きぶり

↓

第8段落…健は大学でのツバメ研究を志望

⚠ 構文の研究

第1段落 l. 2 can you say what each bird is
called in English?
この英文は，call A B 「A を B と呼ぶ」の受け身の
文が間接疑問として埋め込まれた形になっていま
す。間接疑問は〈主語＋動詞〉の語順になります。
下記の構文を参考にしましょう。
We call each bird swan, dove and crow in
English. 「私たちはそれぞれの鳥を英語で swan,
dove, crow と呼びます」
→ Each bird is called swan, dove and crow in
English. （受け身）「それぞれの鳥は英語で
swan, dove, crow と呼ばれます」
→ What is each bird called in English?（受け身
の疑問文）「それぞれの鳥は英語で何と呼ばれま
すか」
→ Can you say what each bird is called in
English?（受け身の間接疑問）「みなさんはそれ
ぞれの鳥が英語で何と呼ばれるか言えますか」
第3段落 l. 4 They leave Japan and fly north in
spring.
方角は大きく東西南北の4つに分かれます。名詞
や副詞だけでなく，形容詞も同時に覚えましょう。
east「東，東へ」→ eastern「東の」
west「西，西へ」→ western「西の」
south「南，南へ」→ southern「南の」
north「北，北へ」→ northern「北の」

実戦17　随　筆　文

Step C　　解答　　本冊 ▶ p.66 ～ p.67

(1)　① Yes, it was.　② He put it in plastic bags.
(2)　ウ
(3)　自然の中にゴミを置いて帰ることは悪いこ
　　とだと知っていたこと。
(4)　ⓐ the wonderful view welcomed us there

たちは写真を撮って，それから昼食を食べました。それを食べたあと，私は家に持ち帰るためにゴミをビニール袋に入れました。私たちは下り始めました。

　途中で，私は小さな白い石を見ました。私はそれを手にのせて見ました。それは美しかったです。私は鈴木さんに「ぼくはこの石を家に持って帰ろうと思います。いい記念品になるでしょう」と言いました。「申し訳ないけど，それはできないんだ。君が山で見つける石や花のような物を持ち帰ることはできないんだ」と彼は言いました。「なぜですか。ただの小さい石なのに」と私は言いました。「そうだね。たとえもし君が石を１つ持ち帰っても，この山にとって大したことじゃないよ。でも，毎年10万人以上の人々がここへやって来るんだ。もしここに来る人みんなが石を１つ持ち帰ると，山の環境を変えてしまうんだ」と彼は言いました。「わかりました。ごめんなさい，ぼくそんなこと考えていませんでした。教えてくれてありがとうございます」と私は答えました。「わかってもらえてうれしいよ。足跡だけ残して，写真だけ撮る。山を愛する人々はよくそう言うよ」と言って，彼はほほえみました。私はその石を地面に戻しました。

　私たちが家に帰ったあと，父と私は初めての山登りの体験について話しました。「今日，徳島のもう１ついいところを見つけたよ。剣山のために働いている多くの人たちがいるから，私たちは（徳島で）いちばん高い山で美しい自然を楽しむことができるんだね」と父は言いました。「ぼくもそう思うよ。それに，今日ぼくは大切な何かを学んだよ」私は父に石についての話をしました。「自然の中にゴミを残すのは悪いことだよ。それは知っていたけど，それでは十分じゃなかったんだ。ぼくは自然について注意深く考えるためにもっと勉強しようと思うよ」と私は言いました。父はほほえんで「おまえは剣山で新しい何かを見つけたんだね。私たちの初めての山登りの体験は大成功だったよ」と言いました。その日の朝，私が森を歩いているとき，私は「今日はすばらしい日になるだろう」と思いました。それは本当になりました。その日は実にすばらしい日でした。

語句

第１段落 l. 2 experience 経験
第２段落 l. 2 weather 天気　l. 2 dangerous 危険な
第３段落 l. 1 forest 森　l. 2 perfect 完ぺきな
第４段落 l. 1 because of 〜 〜のおかげで　l. 2 worry 心配する
第５段落 l. 1 view 光景　l. 3 trash ゴミ
第６段落 l. 6 environment 環境
第７段落 l. 3 nature 自然

英文の大きな流れ

> 第１段落…大樹は父と父の友人である鈴木さんと剣山に登る予定

↓

> 第２段落…登山当日は快晴

↓

> 第３段落…森で大木に感動。すばらしい１日になると大樹は期待

↓

> 第４段落…登山道は整備され，誘導の標識がたくさん存在

↓

> 第５段落…２時間で頂上に到着。昼食後，ゴミを袋に入れて下山開始

↓

> 第６段落…小石を記念品として持ち帰ろうとする大樹に鈴木さんが注意

↓

> 第７段落…自然保護にはゴミを捨てないことだけでは不十分であることを，鈴木さんが教えてくれたと大樹は父に報告

🛡 構文の研究

第２段落 l. 1 We had everything necessary for hiking.
-thing で終わる語は形容詞を前ではなく後ろに置くことに注意しましょう。
He didn't know anything special. 「彼は特別なことを何も知りませんでした」
不定詞の形容詞用法と組み合わせた表現は特に重要です。
Please give me something hot to drink. 「私に何か温かい飲み物をください」
第３段落 l. 1 I was excited to see big trees there.
不定詞の副詞用法では「目的（〜するために）」のほかに「感情の原因（〜して）」を表すことができます。区別のポイントは直前に喜怒哀楽を表す形容詞があるかどうかです。
He was happy to meet her. 「彼は彼女に会えてうれしかったです」

They will be <u>surprised</u> to know the fact.「彼らは
その事実を知って驚くでしょう」

実戦18 説 明 文

(1) ① passed　② known
　　　③ to watch　④ happening
(2) （人類で初めて月面を歩いた）ニール・アー
　　ムストロングが亡くなったこと
(3) (B) Do you remember what you were
　　　doing
　　(C) very sad to hear that one of the great
　　　people has died
　　(D) the man every little boy wanted to be
(4) イ，ウ
(5) ① ア　② ウ

解説

(1) ① pass away「亡くなる」過去形にする。　② be
　　known as ～「～として知られる」best は過去分詞
　　を修飾する副詞。　③ ～ enough to do ...「…する
　　のに十分～」　④ happen「起こる」直前に was があ
　　るので ing 形にする。
(2) 見出しの内容をまとめる。
(3) (B) 疑問詞が文中に埋め込まれた間接疑問文。〈疑問
　　　詞＋主語＋動詞〉の語順にする。
　　(C)「感情の原因」を表す不定詞と〈one of ＋複数名
　　　詞〉に注意する。
　　(D) every 以下が the man を修飾する。every little
　　　boy の語順に注意する。
(4) ア　約22時間月面にいたとあるので矛盾する。
　　エ　ジョンはアームストロングの月面着陸の10年
　　　後に生まれたので矛盾する。
　　オ　トシオは，アームストロングが月から持ち帰っ
　　　た石を見てわくわくしたので矛盾する。
(5) ① 4人のコメントの最終行にある Recommend の
　　　あとの数字に着目する。
　　② ジョンだけがリアルタイムで「人類初の月面歩
　　　行」を見ていない。

〔全訳〕

月面を歩いた最初の人
ニール・アームストロング氏が死去

NASA（アメリカ航空宇宙局）の宇宙飛行士でアポロ11号
の船長，ニール・アームストロング氏が，2012年8月25
日に82歳で亡くなった。彼は1969年7月20日に月面に初
めて着陸した人として最もよく知られている。彼はおよ
そ22時間月面にいた。彼ともう1人の宇宙飛行士は，私
たち人類の歴史で初めて月面を歩き，実験のために石を
いくつか集め，写真を撮った。彼の言葉である「1人の人
間にとっては小さな一歩だが，人類にとっては大きな飛
躍である」はたいへん有名になり，幸運にもテレビでアー
ムストロングを見た人々の記憶に永遠に残った。

コメント　もしみなさんがコメントを勧めるならば，
Recommend をクリックしてください。

スーザン・フォードの投稿：
今さっきこのことを聞きました。1969年のあの瞬間，私た
ちは全員が地球という惑星の市民でした。7月のその夜私
はとても誇りに思いました。私たちはその出来事をいっしょ
に見るために一晩中起きていました。彼の仕事は，この地
球上の数多くの扉を開いてくれました。彼はテレビに出る
のが好きではありませんでしたが，彼はたくさんのことを
私たちに教えてくれました。私たちは，彼が示した偉大な
手本を見習うよう望むことしかできません。世界は真の英
雄を失いました。
2012年8月26日　19時30分　推奨数（8）

デイビッド・マイヤーズの投稿：
これがテレビで放送されたとき，あなたは何をしていたか
覚えていますか。私は覚えています。私たちの近所にはカ
ラーテレビが1台ありました。たくさんの友達と隣人たち
がそれを見るために，私の友達の居間にやって来ました。
近所の子供たちはみんないっしょにそれを見ていました！
このすべてが起こっている間，私たちはみんな窓から本物
の月を見ることができました。安らかにお眠りください，
アームストロング様
2012年8月26日　20時05分　推奨数（3）

ジョン・ケージの投稿：
私は偉大な人物の1人が亡くなったと聞いてとても悲しい
です。ニール・アームストロングが月面を歩いてから10年

たつまで，私は生まれてさえいませんが，子供のときから
ずっとアポロ計画とその成功にとても興味がありました。
彼は重圧の下で，とても聡明で冷静でかっこよかったです。
彼は私の英雄でした。
2012年8月26日　20時29分　推奨数（6）

トシオ・ヤマモトの投稿：
その日，私は見るのをやめることはできませんでした。そ
れは私の生涯で最もすばらしい経験でした。私は現在54歳
ですが，それはつい昨日のようです。1970年に大阪万博を
訪れたとき，私は彼が地球に持ち帰った石を見てわくわく
しました。石を見るのを待っている人が多すぎたので，そ
れを見ずに帰らなければならない人もいました。本当に，
彼は当時の男の子みんなの憧れでした。
2012年8月26日　21時03分　推奨数（0）

語句

（ニュース記事）l. 3 astronaut 宇宙飛行士　l. 3
captain 船長　l. 4 land 着陸する　l. 5 collect ～を集
める　l. 6 experiment 実験　l. 7 leap 飛躍　l. 7
forever 永遠に　l. 8 memory 記憶
（挿入部）recommend ～を勧める　click ～をクリッ
クする
（スーザン・フォードの投稿）l. 2 moment 瞬間　l. 2
citizen 市民　l. 2 planet 惑星　l. 3 proud 誇りに思っ
て　l. 5 follow ～のあとについて行く　l. 5 hero 英雄
（デイビッド・マイヤーズの投稿）l. 3 neighborhood
近所　l. 4 kid 子供　l. 5 real 本物の　l. 5 rest 永眠す
る
（ジョン・ケージの投稿）l. 4 success 成功　l. 4
intelligent 聡明な　l. 4 calm 冷静な　l. 5 pressure 圧
力
（トシオ・ヤマモトの投稿）l. 3 like only yesterday つ
い昨日のように　l. 3 stone 石

英文の大きな流れ

（ニュース記事）

- 人類で初めて月面に立ったニール・アームスト
  ロング氏が死去。彼をテレビで見た人々に永遠の
  記憶を残した

（スーザン・フォードの投稿）

- その瞬間，私たちはテレビに釘付け。真の英雄
  を喪失

（デイビッド・マイヤーズの投稿）

- 当時私は，近所で唯一カラーテレビのある友達
  の家で中継を見た。窓からは本物の月を確認

（ジョン・ケージの投稿）

- 彼の月面着陸から10年後に私は生まれた。アポ
  ロ計画とその成功には子供のころから興味があっ
  た

（トシオ・ヤマモトの投稿）

- 現在54歳になったものの，昨日のことのように
  記憶している。彼は当時の子供たちの憧れの人

🛡 構文の研究

（ニュース記事）l. 5 ～ l. 6 He ... took pictures on
the moon for the first time in our history.
次の first を含む表現は必ず覚えましょう。
at first「最初は」　first of all「まず第一に」　for
the first time「初めて」
（トシオ・ヤマモトの投稿）l. 3 I was excited to
see the stone
excited や exciting は分詞形容詞と呼ばれます。
動詞の excite「～をわくわくさせる」をもとに，
次の2文の意味の違いをしっかりと理解しましょ
う。
He is exciting.「彼は（人を）わくわくさせる人で
す」（彼自身がわくわくさせる側）
He is excited.「彼はわくわくしています」（彼は
わくわくさせられている側）

実戦19　会　話　文

Step C　**解答**　本冊　▶ p.70 ～ p.71

(1)　① taught　② learning
(2)　イ
(3)　テレビで英語の番組を見る。／毎週自分のお
　　じに英語で手紙を書く。
(4)　オ
(5)　イ
(6)　⑤ show you some pictures
　　⑥ one of my favorite places
(7)　おじと彼の生徒たちがお互いに日本語で話
　　していたから。
(8)　ウ

解説

(1) ① five years ago とあるので過去形にする。
　② 直前に am があるので現在進行形の文。

(2) 「～するとき」を表す接続詞を選ぶ。

(3) 【場面1】 l. 12 ～ l. 13 を参照。

(4) ア　10歳のときに行ったのはオーストラリアなので矛盾する。
　イ　今はアメリカに住んでいるので矛盾する。
　ウ　ヒロシは今度のアメリカ訪問で，有名な科学者のデイビス先生に会う予定なので矛盾する。
　エ　スミス先生はヒロシが見るべきテレビ番組について話していないので矛盾する。

(5) 【場面2】がアメリカ旅行のあとであることと，直後のヒロシの返答を参照する。

(6) ⑤ 動詞の show に着目して〈人＋物〉の語順にする。
　⑥ one of ～「～のうちの1つ」には複数形の名詞が後続する。

(7) 【場面2】 l. 7 ～ l. 8 を参照。

(8) ア　ヒロシのおじが理科を教えているという記述はない。
　イ　日本の季節や天候を話したのはヒロシのおじではなくヒロシなので矛盾する。
　エ　ヒロシが日本の文化について話したという記述はない。
　オ　ヒロシが科学博物館に生徒たちといっしょに行ったという記述はない。

〔全訳〕

【場面1】ヒロシは日本の中学生です。彼は学校の外国語指導助手であるスミス先生と話しています。

スミス先生：やあ，ヒロシ。あなたは来月アメリカに行くそうですね。これが初めてですか。

ヒロシ：はい。私のおじが私にこの夏，彼を訪れるように誘ってくれたんです。彼は5年前，日本で英語を教えていました。今彼はアメリカの高校で教えています。

スミス先生：すばらしいですね！　あなたは今までに外国へ行ったことがありますか。

ヒロシ：はい。私は10歳のとき，オーストラリアに行きました。そのとき，私は英語を理解できませんでしたが，今は毎日英語を学んでいます。私は今度アメリカで，人々と意思を伝え合いたいです。そこへ行ったら，私はおじの友人であるデイビスさんに会うつもりです。彼は有名な科学者です。私は英語で彼と話したいです。

スミス先生：ああ，それはすばらしいですね。ヒロシ，あ

なたは毎日どのように英語を勉強していますか。

ヒロシ：そうですね，私はテレビで英語の番組を見たり，毎週おじに英語で手紙を書いたりします。

スミス先生：それはいいですね。上手に意思を伝えるためには，英語を聞いたり書いたりすることが重要です。私はあなたの英語はすぐにもっとよくなるだろうと思います。

ヒロシ：ありがとうございます。

スミス先生：私の国への旅を楽しんでください，ヒロシ。

ヒロシ：ありがとうございます，スミス先生。

【場面2】アメリカへの旅行のあと，ヒロシは再びスミス先生と話しています。

ヒロシ：こんにちは，スミス先生。お元気ですか。

スミス先生：元気です，ありがとう，ヒロシ。あなたはいつ戻ってきたのですか。

ヒロシ：先週末です。

スミス先生：旅行はどうでしたか。

ヒロシ：それはすばらしい旅行でした。私はおじの学校に行きました。それがとてもおもしろかったのです。彼は学校で日本語を教えていて，私にその授業に参加する機会を与えてくれました。おじと彼の生徒たちが日本語でお互いに話していたので，私は驚きました。

スミス先生：あなたはよい経験をしましたね。それであなたはアメリカの生徒たちに何を話したのですか。

ヒロシ：私は彼らに英語で日本の季節と気候について話しました。彼らは私にいくつかの質問を英語でしました。私はそれらに答えることができてうれしかったです。彼らは私の言うことに興味を持つようになりました。私たちは友達になっていっしょに昼食を食べました。彼らは私にとても親切でした。

スミス先生：それはすばらしいですね！

ヒロシ：あなたに私が授業で撮った何枚かの写真をお見せします。

スミス先生：わあ，ありがとう。あなたは観光も楽しみましたか。

ヒロシ：はい。私はデイビスさんといっしょにたくさんの場所に行きました。いちばんよかった場所は科学博物館でした。彼は私にたくさんのことを説明してくれました。彼は「それは市内で私のお気に入りの場所の1つだ」と言いました。

スミス先生：ヒロシ，あなたはアメリカで本当にすばらしい時間を過ごし，今あなたの英語はもっとよくなっています。もし間違いを恐れなければ，あなたの英語はずっとよくなるでしょう。

ヒロシ：わかりました，スミス先生。アドバイスしていた
　だいてありがとうございます。

語句
【場面1】l. 6 foreign 外国の　l. 9 famous 有名な
l. 10 scientist 科学者　l. 12 program 番組
【場面2】l. 15 sightseeing 観光　l. 16 museum 博物
館

英文の大きな流れ
【場面1】

- 来月アメリカに行く予定のヒロシが，スミス先生におじについて説明

↓

- 10歳のときにオーストラリアに行ったが英語を理解できず

↓

- 今度のアメリカ訪問では，おじの友人で科学者のデイビスさんとの英語での会話を希望

↓

- ヒロシは現在の英語の勉強方法をスミス先生に報告

【場面2】

- アメリカから帰国後，ヒロシはスミス先生と再び会話

↓

- おじの学校で，彼と生徒たちが日本語で会話していることに驚く

↓

- ヒロシはおじの学校の生徒に，日本の季節と気候について話し，彼らと友達に

↓

- 科学博物館がデイビスさんとの最高の思い出の場所

↓

- スミス先生からヒロシへ英語学習についてのアドバイス

🛈 構文の研究

【場面1】l. 14 It is important to listen to and
write English
前置詞 to の直後に接続詞の and が続いているので，わかりにくいかもしれません。listen to
English and write it（＝English）と考えましょう。
I am interested in and fond of English.「私は英語に興味があり，しかも好きです」
＝I am interested in English and I am fond of it
（＝English）.
【場面2】l. 20 your English will become much
better
比較級の前の much は比較級を強調してその差が大きいことを表す副詞で，「ずっと」を意味します。
He is much taller than his mother.「彼は彼の母親よりずっと背が高いです」
なお，難関高校では much のほかに still や even
を使った文が出題されることがあります。

実戦20　説　明　文

Step C　　解答　　本冊 ▶ p.72〜p.73

(1)　A 4　B 6　C 2　D 5　E 3
(2)　(i) sense　(ii) look　(iii) tell
(3)　（解答例）
複数のカメの上に板がのっていれば良い。

(4)　新しい科学技術によって可能となった物理学における最新の発見が，いくつかの答えを示しています。
(5)　① ○　② ×　③ ×　④ ×　⑤ ○　⑥ ○
　　⑦ ○　⑧ ×

解説
(1) A 多大な想像力を必要とするほど巨大な宇宙の規
　模に対して，人間の理解する宇宙の部分はそのごくわずかであると考え，適する語を選ぶ。
　B 後ろに続く科学者の質問から，女性に対して優越感を持っていることがわかる。
　C find の目的語に続く補語。現代の人々が女性の説をどう評価するかを考える。

D 直後の which 以下は，一般的な恒星の説明が続く。直前の冠詞 an もヒントになる。

E 地球が太陽の周りを回っていることは，今の私たちにとっては当たり前のことなので，obvious が適する。

(2) (i) make sense of 〜「〜を理解する」

(ii) look at 〜 ＝have a look at 〜

(iii) time will tell「時がたてばわかる」tell は「わかる」の意味。

(3) 第 1 段落の l. 7 〜 l. 8 および最終文を参照。

(4) 述語動詞は「〜を提案する」を意味する suggest で，made 〜 technology は主語 Recent discoveries in physics を補足説明している。

(5) ① 老婦人は著名な科学者の説に異議を唱えているので，一致する。

② 第 2 段落の l. 5 〜 l. 6 を参照。

③ 日中が摂氏400度で夜は摂氏マイナス200度なので，寒暖の差は600度であり矛盾する。

④ 恒星や惑星の距離は見かけほど離れていないのではなく，第 3 段落の l. 2 〜 l. 3 で恒星や惑星の距離が実際より短いと考えるのが自然だと述べている。

⑤ 第 3 段落の l. 4 〜 l. 5 でフィートやマイルが私たちの長さの測定方法であるとわかる。

⑥ 第 3 段落の l. 6 〜 l. 7 で光の速度が秒速186,000マイルとあるので，分速はこの60倍の11,160,000マイルとなる。

⑦ 第 3 段落の l. 7 〜 l. 8 を参照。

⑧ 第 4 段落の l. 4 〜 l. 7 にある疑問はまだ解明されていないので矛盾する。

〔全訳〕 私たちは不思議ですばらしい宇宙に住んでいます。その年齢，大きさ，激しさ，美しさは理解するのに非常にたくさんの想像力を必要とします。この広大な宇宙の中で人間が理解する部分は，かなり取るに足りないかもしれません。だから私たちはそのすべてを理解しようとし，どのようにして適応すべきかを知ろうとするのです。数十年前，1 人の有名な科学者（その科学者はバートランド・ラッセルだったと言う人がいます）が，天文学に関する公開講義をしました。彼は，どのように地球が太陽の周りを回り，そして次にどのように太陽が，銀河と呼ばれる星の巨大な集合体の中心の周りを回るかについて話しました。講義の最後に，その部屋の後ろにいた 1 人の小柄な老婦人が立ち上がって「あなたが私たちに話したことは間違いです。世界は実際，巨大なカメの背中に支えられた平たい板です」と言いました。その科学者は優越感に満ちたようにほほえんでから，「そのカメは何の上に立っているのですか」と聞き返しました。老婦人は「お若い方，あなたはとても賢い，とても賢い」と言いました。「でも，その下もずっと下までカメなのです！」

今日では，ほとんどの人は老婦人が話した宇宙のイメージはむしろばかげていると思うでしょう。しかし，私たちのほうがよく知っていると，なぜそう思うのでしょうか。しばらくあなたが宇宙について知っていること ― あるいは知っていると思うことを忘れてください。そして夜空を見上げてください。あなたはあの光の点すべてが何だと思いますか。それらは小さな火ですか。それらが実際何なのかを想像することは難しいかもしれません。それらが実際何なのかは，私たちの日常の経験をはるかに超えているのですから。もしあなたが定期的に星を観察しているなら，あなたはおそらく光が日没時に地平線の近くで空中に留まっているのを見たことがあるでしょう。それは水星という惑星ですが，私たち自身の惑星とはまったく違います。水星での 1 日は，その惑星の 1 年の 3 分の 2 の時間になります。水星では気温は，太陽が出ているときは摂氏400度を超え，真夜中では摂氏マイナス200度近くまで下がります。水星の環境を想像することはとても難しいです。どこにでもある恒星を想像することはさらに難しいです。それは，毎秒数十億ポンドの重さの物質を燃やす巨大な炉で，その中心部の温度は何千万度に達します。

想像し難いもう 1 つのことは，惑星や恒星が実際どれほど離れているかです。はるか昔，中国人はもっと星を近くで観察できるように石の塔を建てました。実際よりも恒星や惑星がずっと近いと考えるのは当然です ― 結局，日常生活において私たちは宇宙の広大な距離を経験することはありません。それらの距離はあまりにも遠いので，私たちがたいていの長さを測る方法，すなわちフィートやマイルで測ることはありません。代わりに私たちは，光が 1 年で進む距離である光年を使います。1 秒間に，光線は186,000マイル進みます。だから 1 光年はとても長い距離です。私たちの太陽を除いて最も近い恒星はプロキシマ・ケンタウリと呼ばれ，およそ 4 光年離れています。それはとても遠く，設計者たちが現在設計中の最速の宇宙船に乗っても，そこへ行くのには 1 万年かかるでしょう。

過去において，人々は懸命に宇宙を理解しようとしましたが，彼らはまだ私たちの数学や科学を発展させていませんでした。今日私たちは強力な道具，すなわち数学や科学的方法などの知識や，コンピュータや望遠鏡のような技術を持っています。これらの道具を使って，科学者たちは宇

宙に関するたくさんの知識を集めてきました。しかし実際私たちは宇宙について何を知っていて，それをどのようにして知っているのでしょうか。宇宙はどこから来たのでしょうか。それはどこへ向かっているのでしょうか。宇宙には始まりがあったのでしょうか，そして仮にそうであるならば，その前に何が起こったのでしょうか。時間の本質は何でしょうか。それはいつ終わるのでしょうか。私たちは時間を後戻りできるのでしょうか。人々はこれらの疑問について長い間考えてきました。新しい科学技術によってなされた物理学における最近の発見が，いくつかの答えを示しています。これらの答えがいつか，地球が太陽の周りを回ることと同じくらい私たちにとって当たり前に思われるかもしれません ― もしくは老婦人の宇宙のイメージと同じくらいばかげているように思われるかもしれません。時間がたてば（それが何であろうと）わかるでしょう。

語句

第1段落 l. 1 universe 宇宙　l. 2 imagination 想像力　l. 2 pretty かなり　l. 3 fit in 適応する　l. 3 decade 10年　l. 4 public 公開の　l. 4 lecture 講義　l. 5 center 中央　l. 5 huge 巨大な　l. 7 flat 平たい　l. 7 plate 板　l. 7 support ～を支える　l. 8 giant 巨大な　l. 8 turtle カメ　l. 8 reply 答える　l. 9 all the way ずっと

第2段落 l. 1 rather むしろ　l. 2 know better (than～) (～より)分別がある，(～ほど)ばかではない　l. 3 upward 上の方に　l. 5 beyond ～ ～を超えて　l. 5 stargazer 星を観察する人　l. 7 two-thirds 3分の2　l. 7 temperature 温度　l. 8 ～ degrees Celsius 摂氏～度　l. 10 billion 10億　l. 10 each second 毎秒

第3段落 l. 2 tower 塔　l. 4 distance 距離　l. 4 measure ～を測定する　l. 5 length 長さ　l. 5 instead 代わりに　l. 7 other than ～ ～以外に　l. 8～l. 9 on the drawing board 計画段階で

第4段落 l. 1 develop ～を発展させる　l. 2 tool 道具　l. 3 method 方法　l. 3 telescope 望遠鏡　l. 4 knowledge 知識　l. 6 nature 本質　l. 7 ever いつか　l. 7 backward 後方へ　l. 8 discovery 発見　l. 8 physics 物理学　l. 8 suggest ～を示唆する　l. 10 whatever that may be それが何であろうとも

英文の大きな流れ

第1段落…宇宙を理解するには想像力が必要。数十年前，著名な科学者の説に老婦人が「地球平坦説」で反論

↓

第2段落…私たちが老婦人より博識だとは一概には言えない。なぜなら実際の宇宙は，私たちの日常の経験を超越しているから

↓

第3段落…惑星や恒星の距離も同様。いちばん近い恒星は，秒速186,000マイルの光で4年かかるほど離れている

↓

第4段落…さまざまな方法や技術を用いて宇宙を解明しているが，あまりに不可解なことが多すぎてその解決には時を待つしかない

🛡 構文の研究

第2段落 l. 3 ～ l. 4 What would you think all those points of light are?
間接疑問文の中には疑問詞を文頭に置くことがあります。
Do you know who he is?「あなたは彼が誰かを知っていますか」(yes か no で返答)
○ Who do you think he is?「あなたは彼が誰だと思いますか」(yes や no で返答不可)
× Do you think who he is?
第3段落 l. 2 the Chinese built stone towers so they could have a closer look at the stars
「～するために」(目的)は不定詞のほかに，so (that) ～を使って表すことができます。
He studies English to go to America.「彼はアメリカに行くために英語を勉強します」
＝He studies English so (that) he can go to America.

実戦21　グラフを扱った文

Step **C**　　解答　　本冊 ▶ p.74～p.76

(1) water
(2) ウ
(3) who carry water from rivers
(4) ア
(5) イ
(6) エ

(1) 第2段落の l. 1 の but は逆接の接続詞。ここでは日本と世界の「水」事情ついて述べられているとわかる。

(2) 第3段落の l. 3 の higher の言いかえ。

(3) 主格の関係代名詞 who のあとに動詞を続ける。

(4) アのみ世界水フォーラムではなく，第4段落に関する内容。

(5) 第6段落の l. 2 〜 l. 5 の内容をまとめた英文なので，イが適する。

(6) ア　1日の水の使用量は，1人あたり約50リットルなので矛盾する。

　　イ　水の需要量は2025年のほうが増えているので矛盾する。

　　ウ　人口はアジアのほうがアフリカより多いので矛盾する。

〔全訳〕　人間の体の60パーセント以上は水でできています。私たちは水なしで生きることはできません。私たちは飲むために，洗濯するために，その他の日々の活動に水を必要とします。世界保健機関によると，それぞれの人が毎日の生活で必要とする水の量は約50リットルです。水は私たちの生活で最も重要な物の1つです。私たちがここで見ていくように，水に関する問題点がいくつかあります。

　日本人は家庭で安全な水道水を手に入れることができますが，世界には清潔で安全な水を手に入れられない人々がたくさんいます。ある報告では，2010年には，世界の人口の11.3パーセントである約7億8,000万の人々が，自宅から1キロ以内で安全な水を手に入れられなかったとあります。

　飲料水の値段がもう1つの問題点です。あなたは川の水が水道水より値段が高い場合があると想像できますか。たぶんあなたはできないかもしれませんが，それは本当です。ある国では，人々は川から飲料水を得る必要があります。川の水の値段は，川から水を運ぶ人にお金を渡さなければならないのでより高いのです。水道設備のないそのような国では，水200リットルの値段は約150円です。しかし水道設備のある別の国では，同じ量の水道水の値段はたった40円です。

　水不足もまた重要な問題点です。増大している世界の人口がこの主な原因の1つです。水不足のもう1つの原因は，国々の急速な工業化です。人は毎日の生活のためだけではなく，車やコンピュータのような製品を作るためにも水を使っています。世界のいくつかの地域に住む人々は，十分な水を得ることができます。しかし，ほかの地域に住む人々は十分な水を得ることができません。このように，世界の人々は同じ量の水を得られないのです。次のページの地図を見てください。世界の人口の60パーセントがアジアに住んでいますが，アジアには世界の36パーセントの水しかありません。アジアが，アフリカや世界のほかの地域よりも深刻な状況にあることがわかります。そして次のページのグラフを見れば，世界は将来，より多くの水を必要とすることもわかるでしょう。

　多くの国々がさまざまな水の問題点について話すために集まり始めました。第1回世界水フォーラムが1997年に開催されました。私たちはそれ以来3年ごとに世界水フォーラムを開催しています。第3回世界水フォーラムは，2003年に京都で開催されました。これはアジアで開催された最初の世界水フォーラムでした。そして第6回世界水フォーラムは2012年にフランスで開催されました。この世界水フォーラムには，173か国から約34,000人の人々が集まりました。彼らはさまざまな問題点について話し，水政策に関する考えをお互いに共有しました。そうすることによって，彼らは今日の水の状況をよりよく理解することができました。

　日本は，世界の水の状況をよりよくするために情報や科学技術を提供することで，ほかの国々を助けようとしてきました。例えば，東京都はたくさんの国々を支えてきました。2008年から2012年まで，東京都はさまざまな国々から2,000人以上の専門家を招待しました。彼らはよりよい水道設備を作り出す科学技術について学びました。彼らは新しい技術を持って自分たちの国に戻り，それを使い始めました。

　私たちの一人ひとりもまた，世界をよりよくするために何かをすることができます。まず，私たちは安全な水を飲むことができない人々について考えることができます。それから，私たちは水を使うことについてもっと注意深くなることができます。例えば，私たちは風呂に入るときに水を節約することができます。また，私たちは衣服を洗うために風呂の水を再利用することもできます。水を節約しそれを再利用するために，あなたの毎日の生活でほかに何ができるか考えてください。

語句

第1段落 l. 2 activity 活動
第3段落 l. 2 maybe たぶん
第4段落 l. 1 main 主な　l. 2 reason 理由　l. 4 area 地域　l. 7 situation 状況　l. 9 future 将来
第5段落 l. 2 hold 〜を開催する　l. 5 share 〜を共有する

第6段落 l. 1 technology 科学技術　l. 2 support 〜を支える　l. 3 professional プロの
第7段落 l. 3 save 〜を節約する　l. 3 reuse 〜を再利用する　l. 3 clothes 衣服

英文の大きな流れ

第1段落…人体の約60パーセントは水で構成。水に関する問題点はいくつも存在

↓

第2段落…2010年，世界人口の11.3パーセントにあたる7億8,000万の人々が自宅から1キロ以内で安全な水の入手不可

↓

第3段落…水道設備のない国では，川の水の方が水道水より高価な場合もある

↓

第4段落…人口増加と工業化で水不足問題も発生。世界人口の60パーセントが集まるアジアには，世界の水の36パーセントしか存在せず

↓

第5段落…1997年に始まった世界水フォーラムは3年ごとの開催。2012年，フランスでの世界水フォーラムには173か国から約34,000人が参加

↓

第6段落…日本は水事情改善のための情報や科学技術の供与で他国を支援

↓

第7段落…一人ひとりができる水の節約と再利用方法

構文の研究

第1段落 l. 1 We cannot live without water.
否定語である cannot と without があるので，二重否定と呼ばれます。強い肯定を表すことができるので，筆者の主張が込められる場合が多いです。
She never goes to Kyoto without walking along the Kamo River.「彼女は鴨川沿いを歩くことなしに京都に行くことはありません」→「彼女は京都に行くと必ず鴨川沿いを歩きます」
第4段落 l. 2 〜 l. 4 Humans are using water not

only for their everyday lives, but also for making products like cars and computers.
not only A but also B で「A だけでなく B も」という意味になります。接続詞を用いた表現にはほかに次のようなものがあります。
between A and B「A と B の間に」
both A and B「A と B の両方とも」
either A or B「A か B のどちらか」

実戦22　説　明　文

Step C　解答　本冊 ▶ p.77 〜 p.79

(1) アメリカ人の子供は，動物だという理由でニワトリと牛を選び，中国人の子供は牛が草を食べるという理由で，牛と草を選んだ。(58字)
(2) ウ
(3) 絵ではなく言葉を使った点。(13字)
(4) a イ　b オ　c ア　d ウ　e エ
　　※ a b，c〜e 順不同
(5) ウ
(6) ア ○　イ ○　ウ ×　エ ×　オ ○

解説

(1) 第3段落の l. 4 〜 l. 7 を参照。
(2) hot は気温や温度を表すほかに，熱狂的な流行を比喩的に表す。
(3) 第4段落の l. 5 〜 l. 7 を参照。
(4) a harmony「協調性」　b relatedness「他人との関わり」　c independence「自立」　d autonomy「自主性」　e individual achievement「個人の達成」
(5) 直後にイタリアを南北に分けた例が続くので，肯定する表現を選ぶ。イは we ではなく they であれば正しい。
(6) ア　第2段落の l. 1 〜 l. 3 を参照。
　　イ　第3段落の l. 1 〜 l. 4 を参照。
　　ウ　1972年のリアン・ワンチウの実験が再び注目されるのは1990年代なので矛盾する。
　　エ　第1段落を参照。
　　オ　第7段落を参照。

〔全訳〕 牛。ニワトリ。草。どの2つが同じグループに入りますか。あなたの答えはあなたがどこで生まれ育ったのかによります。

長い間，研究を専門とする心理学者たちは，東アジア人と西洋人は世の中について異なる方法で考えるという考えを持ってきました。最近までこの考えを裏付ける十分な科学的な証拠はありませんでした。しかし，過去15年で研究者たちは，思考の違いを生み出す異なる思考スタイルや文化的な相違について多くのことを学んできました。

その話は1972年に始まり，その時インディアナ大学の教育心理学教授のリアン・ワンチウが200人以上の中国人の子供たちと300人以上のアメリカ人の子供たちをテストしました。彼は何枚かのカードをそれぞれの子供に見せました。それぞれのカードには3つの絵がありました。例えば1枚のカードには，牛とニワトリと草が描かれていました。チウは子供たちにどの2つが同じグループに入るかを言うように求めました。ほとんどのアメリカ人の子供たちは，ニワトリと牛を選びました。彼らは「どちらも動物である」と言ってその理由を説明しました。しかし，ほとんどの中国人の子供たちは，「牛は草を食べる」ので牛と草をいっしょにしました。

当時の心理学の科学者たちは文化の違いにほとんど注意を払わなかったので，その発表後の数年間，人々はチウの研究があまり重要であると思いませんでした。しかし，1990年代になると異文化間心理学が「熱く」なり，チウの発見が再び注目されました。ミシガン大学の研究者たちは，中国，台湾，アメリカからの大学生をテストすることで，チウの研究を再び行いました。絵を使わずに，研究者たちは3つの言葉 ― 例えばシャンプー，髪の毛，コンディショナー ― を学生たちに示して，彼らにどの2つが同じグループに入るかを言うように求めました。アメリカ人は中国人よりも，シャンプーとコンディショナーはどちらもヘアケア用品だという理由で，いっしょになると言う傾向がありました。中国人は「シャンプーは髪を洗ってきれいにする」ので，いっしょになると言う傾向がより強くありました。

なぜ東アジア人と西洋人は異なった考え方をするのでしょうか。ほとんどの研究者たちは，その答えは彼らの文化的な背景と育った環境に見つけることができると信じています。東アジア人は，相互依存，協調性，他人との関わりに方向付けられます。西洋人は，一般的に自立，自主性，個人の達成に方向付けられます。これらの異なる社会的な方向付けが，認識や思考の異なるパターン ― すなわち異なる思考スタイル ― を生み出します。相互依存的な人々は，物について，関係を含んだ状況の一部として考え，自立的な人々は，「動物であること」のように共通する特徴によって決められるグループに焦点を当てる傾向があります。

自立的な人々と相互依存的な人々は，同じ国の中で見つけられるのでしょうか。もちろんです。研究者のニコール・ナイトは最近，異なる種類の「牛，ニワトリ，草」テストを南イタリア人（彼らはよく相互依存的と考えられます）と北イタリア人（彼らはよく自立的と考えられます）に行いました。「サル，パンダ，バナナ」のような3つの言葉が与えられると，北イタリア人は，サルとパンダは同じグループ（動物）に属するので，同じグループに入ると言う傾向がありました。しかし南イタリア人は，サルとバナナは関連性（サルがバナナを食べる）があるので同じグループに入ると言う傾向がありました。

「牛，ニワトリ，草」の研究は，文化的背景ごとに異なる数々の思考現象のほんの1つを明らかにしたのです。

語句

第1段落 l. 1 depend on ～ ～による　l. 2 raise ～を育てる
第2段落 l. 1 have an idea that ～ ～という考えを持つ　l. 2 support ～を支える　l. 3 recently 最近　l. 3 style スタイル　l. 4 cultural 文化的な　l. 4 produce ～を生み出す
第3段落 l. 1 professor 教授　l. 2 test ～をテストする　l. 5 pick ～を選ぶ　l. 5 explain ～を説明する
第4段落 l. 2 pay little attention to ～ ～にほとんど注意を払わない
第5段落 l. 2 background 背景　l. 3 harmony 協調性　l. 3 relatedness 他人との関わり　l. 3 typically 一般的に　l. 3 independence 自立　l. 4 autonomy 自主性　l. 4 individual achievement 個人の達成　l. 4 social 社会的な　l. 4 orientation 方向付け　l. 5 thought 思考　l. 6 relationship 関係　l. 6～l. 7 focus on ～ ～に焦点を当てる
第6段落 l. 3 southern 南の　l. 3 northern 北の

英文の大きな流れ

第1段落…牛・ニワトリ・草から同じグループに入る2つを選ぶ問いの答えは，どこで生まれ育ったかによって決まる

↓

第2段落…心理学者の説によると，東アジア人と西洋人は世界を異なる方法で思考

↓

第3段落…1972年の実験で，アメリカ人の子供の回答はニワトリと牛，中国人の子供の回答は牛と草

↓

第4段落…1990年代の異文化間心理学の流行で，この実験結果が注目される。文字による同様の実験で，アメリカ人の大学生はシャンプーとコンディショナー，中国人の大学生はシャンプーと髪の毛と回答

↓

第5段落…東アジア人は相互依存・協調性・他人との関わり，西洋人は自立・自主性・個人の達成によって方向付けられる。前者は関係を含む状況，後者は共通する特徴が判断基準

↓

第6段落…サル・パンダ・バナナのグループ分けでは，相互依存型の南イタリア人はサルとバナナ，独立型の北イタリア人はサルとパンダをグループ化

↓

第7段落…牛・ニワトリ・草の研究は，文化的背景によって異なる思考現象の1つを解明

❗ 構文の研究

第1段落 l. 1 Which two are in the same group? 「同じ」を意味する形容詞 same はふつう，the を伴います。反意語の different とともに次の表現を覚えましょう。

be different from ～「～と異なる」

be the same as ～「～と同じである」

第6段落 l. 5～l. 6 they belong to the same group 「～に所属する」を意味する belong to は，難関高校では書きかえ問題として出題されることがありますので注意しましょう。

I belong to the team. 「私はそのチームに所属しています」

＝I am on the team.

Who does this book belong to? 「この本は誰のものですか」

＝Whose is this book? 「この本は誰のものですか」